부의 미래

누가 주도할
것인가 _____

부의미래
누가 주도할 것인가

**블록체인과
디지털 자산혁명**

인호 · 오준호 지음

| 차례 |

일러두기

1. 외국 인명, 지명 등은 국립국어원의 외래어 표기법을 따랐으며, 네이버백과 사전 등을 참조했다. 그 외의 것은 원음에 가깝게 표기했다.
2. 본문에 나오는 외국 인명, 작품명 등은 일일이 원어를 병기하지 않는 것을 원칙으로 했다. 대신 찾아보기에 원어를 같이 실었다.
3. 지은이 주는 * 표시를 붙여 모두 각주로 처리했다.
4. 본문에 예시로 든 암호화폐들은 독자 이해와 연구 목적으로 소개한 것이며, 투자 대상으로 소개한 것은 아님을 밝힌다.

○

디지털 자산혁명이 일어나고 있다

두렵습니다.

이유는 첫째, 다가오는 디지털 자산혁명의 폭과 깊이를 가늠하기 어려워서입니다. 아날로그 머니가 디지털 머니로 바뀌고 있습니다. 아날로그 머니 시스템 위에 세워진 금융 및 경제 시스템은 대변동을 겪을 것입니다.

둘째, 우리 기업들과 정부가 관성을 고집하거나 변화를 가로막는 정책에 안주할까봐서입니다. 아날로그 시대의 시장 지배자들이 디지털 시대에 적응하지 못해 몰락한 것처럼 지금의 금융기관, 각 분야 주요 기업, 정부가 디지털 자산혁명을 외면하면 쇠퇴의 길을 가게 될 수 있습니다. 이는 한국 경제에도 어두운 그림자를 드리울 게 분명합니다.

셋째, 디지털 자산혁명에 대해 우리 필자들이 올바르게 전망해야 한다는 부담감 때문입니다. 필자들은 블록체인을 연구해 온 컴퓨터공학 교수(인호)와 여러 인문사회 논픽션을 써온 작가(오준호)로서, 금융과 자산 시장에 대해선 내부 전문가들보다 안목이 부족할 수 있습니다. 그러나 소비자 관점에서 시장의 흐름을 더 잘 읽을 수도 있다는 마음으로 시작했습니다. 때로는 틀에 매인 내부자의 눈보다 상공에서 조망하는 외부자의 눈이 더 정확하기 때문입니다.

우리 필자들은 각자의 전문성과 경험에 비춰 디지털 자산혁명이 시대 흐름이라고 생각합니다. 다만 이 혁명이 너무나 빨리 진행되면서 따라잡기가 무척 어려웠습니다. 그 어려움은 금융을 비롯한 어느 분야 전문가도 마찬가지일 것입니다. 비록 이 책이 미래를 완벽하게 전망하지 못하더라도, 흐름의 방향을 올바르게 제시했다면, 조각들을 맞춰 미래라는 그림을 완성하는 일은 모두 함께였으면 좋겠습니다.

그런데 이 책을 쓴 이유는 단지 낙관적인 전망을 공유하기 위해서가 아니라, 닥칠 수 있는 리스크에 대비하기 위해 머리를 맞대자고 요청하기 위해서입니다. 개개인들은 변화한 시장에서 선택받으려면 어떤 역량을 키울지 판단해야 하고, 금융 분야 종사자들은 조직이 살아남아 재도약할 수 있는 길을 찾아야 합니다. 핀테크 또는 테크핀* 기업들은 경쟁에서, 그리고 글로벌 시장에서 생존하기 위해 새로운 비즈니스 기회에 도전해야 합니다. 입법자와 정부 당국자도 변화에 늘 깨어 있어야 합니다. 경제에서 정부의 역할이 불가피하다면, 정부가 올바른 방향을 잡아야 경제도 지속적으로 성장할 수 있습니다. 이 책이 개인, 기업, 정부에게 미래에 대한 통찰을 조금이나마 줄 수 있기를 기대합니다.

책의 구성은 이렇습니다. 책 앞뒤에 두 필자의 대담을 배치해 주제의 딱딱함을 덜고자 했습니다. 〈대담 1〉에서는 주요 용어나 개념을 정리하고 핵심 주제를 제시했습니다. 1장에서는 디지털 자산혁명의 내용과 전망을 개괄적으로 제시했고, 2~5장에서 1장 내용을 구체적으로 풀어냈습니다. 2장은 블록체인과 디지털 화폐 경제의 출현을, 3장은 자산의 디지털 토큰화를, 4장은 데이터 자산 거래 시장의 전망을, 5장은 디지털 자산시장에서 새로운 비즈니스 기회를 잡는 것에 대해 설명했습니다. 그리고 〈대담 2〉에서 특히 인호가 투자자와 금융 종사자들에게 드리는 조언과 호소를 담았습니다.

두 필자 가운데 인호는 그간의 연구와 현장 관계자들과의 만

---

* 핀테크, 테크핀은 금융finance과 기술technology을 합성한 말이다. 은행 등 금융기관이 ICT(정보통신) 기술을 적용해 모바일 뱅킹 등의 서비스를 만드는 것을 핀테크라고 한다면, ICT 기술 기업이 디지털 페이 등 새로운 금융 서비스를 만드는 것을 강조할 때 테크핀이라고 한다. 이 책에서는 독자의 편의를 위해 '핀테크'를 포괄적인 의미로 사용한다.

남을 바탕으로 이 책의 핵심 개념과 주제를 제안했고, 오준호는 그 내용을 독자들이 잘 이해할 수 있도록 풀어내고 발전시켰습니다. 이 책이 독자에게 의미 있는 지식을 주고 또한 잘 읽힌다면 그건 우리 두 사람의 융합적 협동이 성공했다는 뜻일 겁니다.

우리나라는 3차 산업혁명 시대에 큰 성공을 이뤘습니다. 원조를 받던 나라가 원조를 하는 나라로 변모했습니다. 그 변화는 끊임없이 도전하는 사람들이 있었기에 가능했습니다. 이제 4차 산업혁명이라는 새로운 도전의 문 앞에 섰습니다. 익숙한 성공 방식을 버리고 새로운 성공 방식을 만들어야 합니다. 그 중심에 블록체인 기술과 디지털 자산혁명이 있습니다. 대한민국이 인터넷 강국에서 블록체인 강국으로, 디지털 자산혁명을 주도하는 나라로 도약하는 데 이 책이 작은 역할을 했으면 합니다.

2020년 2월

인호, 오준호

대담 1

◉

디지털 경제의 '메가 체인지'가 온다

오준호 〈미션 임파서블〉 같은 영화에서는 주인공인 비밀 첩보원이 천신만고 끝에 악당의 계획을 좌절시키고 나서, 평화로운 거리를 바라보며 이렇게 말합니다. "저 사람들은 세상이 끝장날 뻔했다는 걸 꿈에도 모르겠지?" 시민들이 경제를 경험하는 방식도 이와 비슷합니다. 호황이나 불황이 닥치면 그것에 적응할 뿐, 무엇이 그 현상을 만들었는지는 잘 모릅니다. 사람들은 현상적으로 벌어지는 일은 압니다. 일자리가 늘거나 줄고, 내 소득이 늘거나 주는 것에는 민감합니다. 하지만 그 현상의 배경에서 일어나는 변화를 포착하기란 쉽지 않습니다. 그러나 변화의 실체를 모르는 것은 개인은 물론 기업과 국가 차원에서도 큰 문제가 될 수 있습니다.

인호 그렇습니다. 우리는 디지털 경제의 산등성이에 와 있습니다. 20세기 말부터 아날로그 경제는 디지털 경제로 빠르게 전환되었습니다. 1990년대 시작된 인터넷 혁명이 전환의 촉진제였습니다. 디지털 경제로 바뀌면서, 아날로그 서비스에 주력했던 기업들은 허망하게 몰락했습니다. 세계 최대 필름 생산업체 코닥이 디지털카메라 시장에 적응하지 못하고 파산했고, 아날로그 TV의 최강자 소니는 디지털 TV 시장에서 삼성에게 밀려났습니다. 휴대폰 시장을 장악했던 모토롤라는 "아날로그로도 충분해Analog is good enough"라며 기존 방식을 고집하다가 아이폰의 애플에게 자리를 물려주고 말았습니다. 아날로그에서 디지털로의 전환 흐름을 예측하고 과감하게 움직인 플레이어는 성공했고, 흐름을 외면한 채 관성대로 움직인 플레이어는 뒤처졌습니다. 그 선택의 차이가 만든 결과가 2000년대 이후 세계 시장의 모습입니다. 그런데 시장은 계속 움직입니다. 왜냐하면 새로운 파괴적 기술인 블록체인이 디지털 경제의 양상을 흔들고 있기 때문입니다.

오준호 교수님은 블록체인 기술로 말미암아 '정보혁명'을 뛰어넘는 '자산혁명'의 시대가 열린다고 말씀하십니다. 인터넷으로 정보만 주고받는 게 아니라 가치 있는 재산, 즉 자산을 거래하고 보관하는 일이 가능하다는 것이지요. 이것이 디지털 경제를 관통하는 메가 체인지, 곧 거대한 변화라는 말씀이지요?

인호 지금 우리 앞에 '디지털 자산혁명'이 시작되고 있습니다. 2016~2017년 암호화폐에 대한 폭발적 관심은 디지털 자산혁명의 서곡이었다고 봅니다. 디지털 자산혁명은 전통적으로 중요하게 다뤄진 모든 자산과 새롭게 출현한 자산 모두를, 블록체인 플랫폼을 통해 글로벌 차원에서 자유롭게 거래하고 유통하는 것입니다. 블록체인은 가치 있는 재산을 미들맨에 의존하지 않고도 안전하고 효율적으로 전송하고 보관할 수 있게 만들었습니다. 미들맨은 중개자, 중간 관리자, 중앙 감독관 등을 말합니다. 디지털 자산혁명은 자산의 성격 및 자산 소유의 방식을 바꾸고, 중개자 없는 글로벌 시장을 엽니다. 무엇보다도 디지털 자산혁명은 우리를 지금보다 풍요롭고 공평하게 부가 분배된 세계로 이끌 것입니다. 이러한 변화 가운데 출현하는 비즈니스 기회를 빨리 붙잡는 이들이 새로운 부의 주체가 될 것입니다.

오준호 디지털 자산혁명이 사회 곳곳에 영향을 미치겠지만, 금융에 확실히 큰 영향을 미치지 않겠습니까? 아날로그에서 디지털로 경제 전반이 바뀌면서 돈의 성격도 바뀌고, 이것이 금융에 파급효과를 가져올 것으로 보입니다.

인호 디지털 자산혁명에서 특히 강조하고 싶은 것은 첫째, 금융에 엄청난 변화가 온다는 점입니다. 지금까지 아날로그 머니를 기반으로 이뤄지던 은행, 보험, 증권, 파생상품 등이 디지털 머니를 기반으로 다시 짜입니다. 과거에 금융 결제는 은행을 통해야만 했지만, 사람들이 페이스북에서 제공하는 리브라를 쓰거나 중국의 디지털 위안화 같은 전자 결제 수단을 쓰면 은행을 통하지 않고 개인 간, 곧 P2P$^{Peer\ to\ Peer}$로 바로 결제할 수 있습니다. 은행의 4대 기능인 송금, 결제, 대출, 투자 각각을 핀테크 회사가 대체하거나 플랫폼 기업이 대신할 수도 있지요. 증권도 증권거래소 없이 거래될 것이고, 보험도 보험사 없는 보험 서비스가 나올 것입니다. 블록체인을 이용하여 협동조합 형태로 보험 플랫폼을 만들면, 보험사 상품에 가입할 필요 없이 직장 동료들과 맞춤형 보험을 만들 수 있고, 보험 중개인이 없으므로 수수료도 대폭 낮출 수 있습니다. 둘째로 강조하고 싶은 것은, 경제를 프로그래밍하는 것이 가능해진다는 점입니다. 블록체인에서 프로그래밍 가능한 화폐를 '프로그래머블 머니'라고 부릅니다. 블록체인 기반 디지털 화폐는 그 돈을 누가, 언제, 어떻게 사용하는지를 코드화해 투명하게 관리할 수 있습니다. 가령 법인카드를 프로그래밍해서 직원에게 준다면 지출을 투명하게 하고 자동으로 세무 처리까지 할 수 있어 생산성도 올라갑니다. 정부가 통화 공급이나 재정 지출을 통한 경제정책을 실행할 때도 프로그래머블 머니를 이용함으로써 정책 효과를 강화할 수 있을 것입니다. 거래에 자동으로 세금을 징수할 수도 있으니 과세 투명성과 공정성도 높아집니다.

오준호 교수님과 제가 하려는 작업은 디지털 자산혁명이라는 거대한 변화가 어떤 것인지 시민들에게 알리는 일입니다. 변화하는 미래에 대응할 수 있게 하고, 비즈니스 기회를 찾는 이들에게는 통찰을 주자는 것이지요. 하지만 미래 예측은 항상 오판의 위험을 안고 있습니다. 1880년 영국 런던에서는 하루 5만 마리의 말이 사람과 물건을 실어나르면서 15킬로그램의 말똥을 매일 거리에 떨어뜨렸습니다. 당시 영국 일간지 〈더 타임스〉는 "이대로 가면 50년 뒤 런던은 3미터 높이의 말똥에 뒤덮인다"고 예견했습니다. 그러나 그런 일은 벌어지지 않았지요. 자동차가 말과 마차를 대체했기 때문입니다. 블록체인과 디지털 자산혁명이 미래의 핵심 변화라는 것은 어떻게 알 수 있을까요?

인호 블록체인 기술의 배경에 어떤 사회적 요구가 있는지 보아야 합니다. 모든 사회활동과 경제활동의 전제는 신뢰입니다. 상대를 믿을 수 있어야 협력과 거래가 가능한 것이지요. 이때 신뢰란 도덕적 차원의 믿음이 아니라 제도적으로 보장된 믿음을 말합니다. 서로 모르는 사람들도 안심하고 손을 잡으려면 그럴 수 있는 조건이 갖춰져야 하지요. 그래서 신뢰를 위해 대개는 서로가 믿을 수 있는 중개자를 둡니다. 금융거래는 은행이라는 중개자를 두고, 부동산 거래는 공인중개사라는 중개자를 두고 이루어집니다. 그러나 한편으로 이 중개자의 힘이 커지면서 거래 당사자들은 중개자가 정한 룰과 자격 요건을 따라야만 하고, 또한 중개자에게 높은 수수료를 지불해야 합니다. 신뢰를 보장받기 위해서는 별수 없기 때문이지요. 그런데 블록체인이 등장했습니다. 블록체인은 중개자가 없어도 상호 신뢰를 보장할 수 있는 기술입니다. 모든 것이 네트워크로 연결되는 디지털 경제는 부정할 수 없는 시대 흐름이고, 중개자의 권한을 줄일수록 네트워크 효과는 더 커집니다. 중개자의 역할을 블록체인 시스템이 대신하는 변화는 시대 흐름에 완전히 부합합니다. 따라서 블록체인은 디지털 경제가 발전할수록 더욱 그 수요가 커질 수밖에 없는 기술입니다. 디지털 자산혁명은 블록체인 기술 발전과 함께 빠르게 확대될 것입니다. 자산이 디지털 토큰이 되어 블록체인 플랫폼에서 자동으로 거래될 것입니다.

오준호 교수님은 블록체인을 4차 산업혁명의 뿌리라고도 하셨습니다. 4차 산업혁명으로 자율주행차, 3D 프린터, 가상현실, 지능형 드론, 사물인터넷, 지능형 로봇 등이 새로운 성장산업이 될 것입니다. 그리고 이러한 신성장산업을 뒷받침하는 것이 인공지능과 빅데이터 기술입니다. 블록체인은 어떤 의미에서 4차 산업혁명의 뿌리가 될 수 있을까요?

인호 자율주행차나 지능형 로봇 산업이 나무의 열매라면, 인공지능과 빅데이터 기술은 나무의 줄기와 같습니다. 줄기 없이 열매를 맺을 수 없듯이, 인공지능과 빅데이터 없이 자율주행차나 로봇의 발전은 불가능합니다. 그런데 인공지능과 빅데이터 기술을 발전시키려면 먼저 양질의 데이터를 확보해야 합니다. 알파고는 바둑 기사들의 수많은 기보로 학습시킨 덕분에 이세돌에게 이길 수 있었는데, 만약 초등학생들의 기보로 학습시켰다면 초등학생 수준의 알파고가 나왔을 것입니다. 하지만 양질의 데이터를 확보하는 데는 걸림돌이 있습니다. 개인 데이터가 함부로 유출되거나 악의적으로 사용될지 모른다는 사람들의 우려가 그것입니다. 이러한 우려 때문에 기술 발전을 멈춘다면 큰 손해이고, 그렇다고 개인 데이터에 대한 보안을 포기할 수도 없지요. 이 딜레마를 해결할 수 있는 기술이 블록체인입니다. 블록체인 기술을 활용하면 내 데이터를 안전하게 관리할 수 있고, 또 데이터 제공에 대한 보상도 받을 수 있어서 결과적으로 산업이 양질의 데이터를 확보할 수 있습니다. 블록체인 기술은 인공지능, 빅데이터라는 나무줄기에 좋은 양분을 제공하여 신성장 산업이라는 열매를 맺도록 합니다. 그러므로 블록체인 기술은 4차 산업혁명의 뿌리인 것이지요.

오준호 뿌리, 줄기, 열매의 비유는 기술이 유기체적인 관계를 맺고 발전한다는 걸 잘 보여주는 듯합니다. 그런데 블록체인, 암

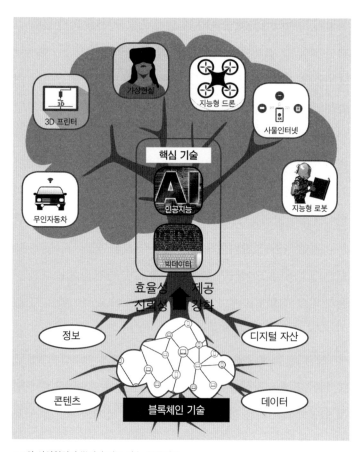

● 4차 산업혁명의 뿌리가 되는 기술, 블록체인.

호화폐가 디지털 경제의 중요 이슈로 떠오르고 나서 시간이 흘렀지만 개념 정의가 명확하지 않아 혼란을 초래합니다. 블록체인과 비트코인, 암호화폐를 같은 개념이라고 여기는 사람들이 많습니다. 우선 블록체인을 어떻게 정의할 수 있을까요?

인호 블록체인은 '데이터 분산 관리 기술'로 정의할 수 있습니다. 데이터 분산 관리 기술의 반대말은 '중앙집중형 데이터 관리 기술'입니다. 조선 시대에는 《조선왕조실록》을 소실과 분실의 위험으로부터 벗어나게 하기 위해 네다섯 군데에 사고를 지어 보관했는데, 이것도 데이터 분산 관리 방식입니다. 분산형은 관리자 또는 관리 지점이 여러 군데임을 뜻합니다. 관리 지점이 한 군데일 경우, 그곳만 공격하면 전체 시스템을 마비시킬 수 있는 '단일장애지점 위험'이 있습니다. 그러나 분산형 방식은 그 위험을 피할 수 있습니다. 그런데 분산형이라도 특정 관리자 또는 관리 지점이 다른 관리자보다 서열과 권한이 우세한 경우가 있고, 특정 관리자의 우세 없이 모두 평등한 경우가 있습니다. 후자를 '탈중앙적'이라고 합니다. 블록체인은 분산형을 넘어 탈중앙형을 지향하기도 하지만, 완전한 탈중앙형에 이르지 못한 블록체인이 더 많으므로, 현 상황에서는 '데이터 분산 관리 기술'이란 정의가 블록체인 일반을 설명하는 데 적합합니다. 한편 블록체인이 비트코인의 송금 및 보관 내역을 기록하는 기술로 선보였기 때문에 회계 장부를 뜻하는 '분산 원장'이란 용어로 정의하기도 합니다. 지금은 블록체인에서 암호화폐 거래 외에 각종 프로그램을 작동시킬 수 있으므로 그 용어를 블록체인과 동일시할 수는 없습니다. 하지만 분산 원장으로 블록체인을 이해하더라도 큰 무리는 없습니다.

오준호 암호화폐, 가상화폐, 암호자산, 가상자산 등의 용어도 섞여 사용되고 있습니다. 암호화폐라는 용어가 블록체인업계에서는 꽤 자리를 잡았으나 국제자금세탁방지기구Financial Action Task Force, FATF에서는 가상자산virtual asset이라는 용어를 쓰고, 우리나라 특정금융거래정보법에서도 암호화폐 대신 가상자산이라고 부릅니다.

인호 개념은 다른 개념과 구분하기 위해서는 정확성이 요구되지만, 본질적으로는 사회적 컨센서스(합의)의 문제이기도 합니다. 비트코인, 이더리움, 이오스 등이 막 등장하자 가상화폐 또는 디지털 화폐라고 불렀습니다. 그런데 이전에도 항공사 마일리지나 게임 머니처럼 디지털 형태를 띠고 제한된 영역에서 화폐처럼 쓰인 것들을 가상화폐라고 불렀습니다. 그에 비해 블록체인에 기반한 비트코인 등은 거의 제한 없이 지급 결제 수단으로 사용될 수 있습니다. 그래서 이들 화폐를 기존 가상화폐와 구별해 암호화폐라고 부른 것입니다. 암호화폐는 강력한 암호화 기술로 데이터를 보호한다는 뜻과 블록체인 시스템에서 전송되고 보관된다는 뜻을 포함합니다. 암호화폐란 용어가 이제는 무척 일반화되긴 했지만, 보다 근본적으로는 과연 그것을 화폐라고 할 수 있느냐는 질문이 제기됩니다. 화폐는 좁은 의미로는 법으로 정한 법정화폐이고, 넓은 의미로는 지급 결제 수단으로서 통화를 말합니다. 그러나 현재의 암호화폐들은 비트코인, 이더리움 등 극소수를 제외하고는 범용 지급 결제 수단으로 쓰이지 못하고 있습니다. 여러 이유가 있지만 극심한 가치 변동이 그 한 가지 이유입니다. 그나마 지급 결제 수단으로 사용되는 비트코인, 이더리움조차도 가치 변동 때문에 일상생활의 화폐로 쓰기는 무리입니다. 절대로 통화 기능을 하지 못한다는 것은 아니지만 현재로서는 그렇습니다. 그런데 가치를 저장하는 재산으로는 인식되고 있으니 암호자산 또는 가상자산이라고 불러야 한다는 목소리도 높습니다. 저는 암호화폐, 암호자산은 본질적으로 토큰이라고 생각합니다. 토큰은 실제 화폐나 실제 가치를 가진 대상의 대용물 또는 증표입니다. 형태를 놓고 보면 암호토큰이나 디지털 토큰이 가장 올바른 이름입니다. 암호토큰이 화폐의 기능을 일부 수행하거나 사회적으로 화폐로 받아들여진다면 암호화폐가 되고, 투자 가치를 인정받고 자산으로 여겨진다면 암호자산이 됩니다. 암호토큰, 암호화폐, 암호자산 등 명칭은 맥락에 따라 판단할 필요가 있습니다.

오준호 암호토큰, 암호화폐, 암호자산의 관계를 잘 설명해주셨습니다. 앞으로도 형태를 말할 때는 암호토큰으로, 기능을 강조할 경우에는 맥락에 따라 암호화폐 또는 암호자산으로 부르도록 하겠습니다. 한편 암호토큰과 관련해서 토큰경제라는 개념도 많이 등장합니다. 코인과 토큰, 토큰경제의 개념도 정리가 필요할 듯합니다.

인호 토큰경제는 독자적인 암호토큰을 이용해 창의적으로 설계한 경제 생태계를 말합니다. 그런데 이는 디지털 경제와 관련한 최신 정의이고, 원래 토큰경제는 행동경제학에서 오래된 개념입니다. 간단한 예로 유치원 아이들이 식사할 때 테이블 정리를 잘하면 스티커 하나씩 받고, 스티커가 10개 모이면 상으로 공책 한 권을 받는다고 합시다. 이때, 스티커는 일종의 토큰입니다. 토큰을 이용해 아이들 사이에 협동을 촉진하는 시스템을 만든 것입니다. 블록체인을 이용해 누구나, 다양한 목적을 가진 암호토큰을 만들 수 있게 되면서 다채로운 토큰경제가 펼쳐질 것으로 예상됩니다. 코인은 비트코인처럼 토큰의 화폐 성격을 강조하는 취지의 이름이지만, 본질적으로는 토큰과 다른 말이 아닙니다. 블록체인 시스템으로 만드는 코인은 모두 암호토큰 또는 디지털 토큰입니다. 단 토큰의 성격에 따라 세 가지로 구분할 수 있습니다. 첫째는 지급 결제 토큰입니다. 영어로는 페이먼트 payment 토큰입니다. 암호화폐 비트코인이나 이더리움은 완전한 범용은 아니지만 범용에 가까운 지급수단으로 사용됩니다. 둘째는 이용권 토큰입니다. 영어로는 유틸리티 utility 토큰입니다. 우리가 테마파크에 놀러갈 때 팔목에 두르거나 몸에 붙이는 스티커가 이용권을 대신하는 것처럼, 플랫폼 내에서 이용권으로 사용하는 토큰입니다. 레시피 공유 플랫폼인 '해먹'에서 사용하는 토큰인 '힌트'가 한 사례입니다. 셋째는 증권토큰, 곧 시큐리티security 토큰입니다. 증권토큰은 투자한 자산에 대한 권리를 나타냅니다. 그 권리에는 소유 지분권, 수익권, 투표권 등이 있습니다. 일반적으로 그 자산의 가치가 상승했을 때 보유한 토큰량에 따라 수익 배당을 받게 됩니다.

오준호 지급 결제 토큰, 이용권 토큰, 증권토큰으로 구분하니 토큰에 대한 이해가 명확해지는 것 같습니다. 조금 개인적인 이야기도 여쭤보겠습니다. 교수님이 블록체인에 관심을 가지신 계기는 무엇입니까?

인호 블록체인을 접한 건 우연이었습니다. 고려대에는 제가 만든 '소프트웨어 벤처 융합' 전공 과정이 있고, 제가 주임교수를 하고 있었습니다. 이 과정에 들어온 학생은 기업에서 인턴으로 현장 경험을 해야만 졸업을 할 수 있습니다. 여러 기업에 학생들을 보내는데 어쩌다가 비트코인 거래소 기업에도 학생을 보내게 되었습니다. 그때가 2014년이었습니다. 주임교수이므로 그 기업이 어떤 기업인지 알기 위해 비트코인을 공부하게 되었습니다. 저는 새로운 것에 관심이 많은 데다 비트코인의 블록체인 개념이 너무 재미있어서 자연스레 깊이 공부하게 되었습니다. 비트코인이 인류 역사에 지금껏 없던 새로운 화폐, 탈중앙 디지털 화폐, 진정한 의미의 글로벌 화폐라는 것을 깨닫자 충격과 설렘을 느꼈습니다. 공부가 어느 정도 쌓이면서 2014년 12월에 킨텍스에서 열린 국제 컨퍼런스 '비트코인 인사이드 2014'에 연사로 초청되어 발표를 했습니다. 그리고 거기 참여한 해외 연사 한 분에게 우리 학교 학생들을 위해 강연을 해달라고 초청하여, 컨퍼런스 다음 날 고려대 정보대학으로 모셨습니다. 120명이 들어가는 강의실인데 학생은 딱 한 명만 왔더군요. 비트코인이란 개념도 낯설던 때니 학생들이 무관심한 것도 당연하지요. 하지만 그때는 무척 당황했습니다. 그런데 기자와 외부인이 100여 명이나 온 덕분에 행사는 성황리에 끝났고, 언론 기사가 나면서 제가 비트코인 전문가로 알려져버렸습니다. 새옹지마랄까요.

오준호 2014년이면 한국에서 비트코인, 블록체인에 대해 아는 사람이 그야말로 손에 꼽힐 정도였을 것 같습니다. 교수님은 초기부터 이 주제를 연구하고, 블록체인과 디지털 자산혁명이 가져올 변화를 알리셨다고 알고 있습니다. 어떤 활동을 하셨나요?

인호 2015년 10월에 삼성그룹 수요 사장단 회의에서 '금융혁명, 디지털 화폐에 길을 묻다'는 제목으로 강연을 했습니다. 핵심 내용은 '아날로그 머니'가 '디지털 머니'로 바뀌고 있고, 금융의 개념도 완전히 혁신되리라는 것이었습니다. 이날 발표 중에 '은행의 분화unbundle of bank'라는 내용이 있었습니다. 은행이 지금 수신·여신·결제·송금 등 여러 기능을 한꺼번에 하고 있는데, 그 기능들 각각에 집중하는 핀테크 회사들이 나타나면서 은행의 기능이 분화될 것이라고 설명했습니다. 그런데 기자들이 "인호 교수가 삼성 사장단 회의에서 기존 아날로그 은행은 결국에는 해체된다고 했다"고 이해하면서 22개 언론사에서 그렇게 기사가 났습니다. 기사가 나간 후에 금융기관에서 강연 요청이 쇄도했습니다. 금융기관 최고경영자들이 저의 강연을 이용하여 직원들에게 긴장감을 불어넣고 혁신을 유도하려고 한 것이지요. 그날 이후 금융기관을 비롯한 여러 기업에 가서 많은 강연을 했습니다. 방송에도 여러 번 출연하여 일반 시민에게도 비트코인과 블록체인이 가져올 변화를 알려드리려고 했습니다. 2016년 11월에 비트코인의 핵심 기술인 블록체인에 초점을 맞추어 '사단법인 한국블록체인학회'를 여러 교수님들과 함께 출범시켰습니다. 이때 학회에 기업 회원으로 가입한 블록체인 스타트업들이 지금 우리나라 블록체인 기술을 선도하고 있어서 가슴이 뿌듯합니다. 2017년에는 올바른 암호화폐 투자에 도움이 되고자 블록체인 기업을 제대로 평가할 수 있는 백서인 〈블록체인 분석평가기준 가이드라인〉을 여러 분야 전문가들과 함께 만들기도 했습니다.

오준호 교수님은 블록체인에 기반한 디지털 자산혁명이 일어나고 있다고 보시지요? 교수님과 제가 이 변화에 대해 알리는 작업을 하는 것이 어떤 의의가 있다고 생각하십니까?

인호 메인 프레임이 개인용컴퓨터^{PC}로 바뀌는 시기에 마이크로소프트는 운영체제 윈도우로 세계 컴퓨터 시장을 장악했습니다. 인터넷과 모바일 시대로 바뀌면서 구글은 안드로이드라는 운영체제로 세계 스마트폰 시장을 장악했습니다. 이제 인공지능과 사물인터넷으로 대표되는 4차 산업혁명 시대가 열렸습니다. 4차 산업혁명 시대에는 부가 디지털 공간에서 창출되고, 거래되고, 보관되는, 디지털 자산시장이 크게 확대됩니다. 디지털 자산시장을 떠받치는 핵심 기술이 바로 블록체인입니다. 미래에는 블록체인 기술을 누가 주도하느냐에 따라 세계 경제의 판도가 바뀔 것입니다. 블록체인은 디지털 자산을 주고받는 인프라가 될 것이므로, 우리나라가 먼저 블록체인 인프라를 구축한다면 디지털 자산시장으로 통하는 진입로가 우리나라를 통해생겨날 것입니다. 그러면 세계의 부가 우리나라로 몰려올 것입니다. 여기에 성공한다면 우리나라는 미래의 먹을거리를 확보하는 동시에 후손에게 물려줄 자랑스러운 경제 강국으로 성장할 것입니다. 이러한 목표로 블록체인 산업 육성 로드맵을 민관 합동으로 작성하고 투자를 대규모로 해야 합니다. 규제를 혁신하고 창의적 비즈니스 모델들을 실험해야 합니다. "변화는 참으로 어렵다. 그러나 살아남으려면 변해야 한다"는 존 챔버스 시스코 대표이사의 말처럼, 새로운 시대에는 과거의 성공 방식에 매이지 말고 과감히 변해야 합니다. 4차 산업혁명은 기술 개발만이 아니라 정부·기업·사회가 의식과 문화를 바꿔야 성공할 수 있습니다. 패스트 팔로워에서 퍼스트 무버로, 피라미드형·중앙집중적 조직 문화에서 블록체인형·자율분권적 조직 문화로 옮겨가야 합니다. 우리의 작업이 4차 산업혁명과 디지털 자산혁명 시대에, 기업과 개인이 살아남고 나아가 판을 주도하는 주체로 성장할 수 있도록 도움이 되었으면 합니다.

> 1장 <

부의 미래
어디로 향하는가?

부란 무엇인가?

단풍이 빨갛게 물들어가는 어느 가을날, 공원에서 한 무리의 십대 소녀들이 휴대폰으로 사진을 찍으며 즐거운 시간을 보내고 있다. 소녀들은 카메라 앞에서 약속이나 한 듯 양손으로 두 뺨을 감싸고 입술을 살짝 내민 귀여운 표정을 짓는다. 소녀의 얼굴로 빨간 단풍잎이 똑 떨어진다. 무엇이 그리 즐거운지 깔깔 웃으며 소녀들은 갖가지 포즈로 사진을 찍어 페이스북, 인스타그램 등에 올린다. 소녀들의 발랄함에 지나가는 시민들도 입가에 미소를 머금는다.

이 장면을 '부rich'라는 관점에서 해석해보자. 우리가 일상생활에서 이 장면을 만날 수 있는 건 이 사회에 잘 가꿔져 관리되고 있는 공원, 카메라 기능을 탑재한 최신 휴대폰, 휴대폰으로 찍은 사진을 실시간으로 공유할 수 있는 SNS(소셜네트워크서비스), 속도 빠른 인터넷망 등이 있기 때문이다. 또한 소녀나 소녀의 부모가 최신 휴대폰을 구매하고 이용 요금을 납부할 수 있는 소득을 가지고 있다는 뜻이다. 그러나 모든 사회가 이와 같은 것은 아니다. 어떤 사회는 깨끗하게 관리되는 공원이 없고, 품질 좋은 휴대폰이 충분히 보급되지 않으며, SNS 접속이 허용되지 않거나 접속할 수 있는 빠른 인터넷망이 없고, 비록 휴대폰 시장이 있더라도 개인에게 구매력이 충분하지 못하다. 내전 중인 중동 국가들만 봐도 우리 사회에서 일상적으로 누리는 것들이 결코 보편적인 일상이 아님을 알 수 있다. 물론 휴대폰이 없거나 잘 관리되는 공원이 없다고 그 사회나 개인이 꼭 불행한 건 아니다. 그러나 부의 관점에서 전자의 사회가 후자의 사회보다 부유한 건 분명한 사실이다.

그러므로 우리는 질문할 수 있다. "부란 무엇인가?" 부란, 가치 있는 재산인 '자산'과 그 자산을 활용하여 사람들의 후생을 높이는 '서비스'의 총합이라고 정의할 수 있다. 뒤집어 말하면, 한 사회에 존재하는 자산과 서비스의 총체가 곧 그 사회의 부다. 여기서 서비스는 시장에서 거래되는 상품으로서의 서비스만이 아니라 사람들의 삶의 질을 향상하거나 만족스러운 상태로 유지하도록 돕는 행위 일반을 가리킨다. 부유한 사회는 자산과 서비스의 총합이 양적으로, 또 질적으로 풍족한 사회다.

사회에 존재하는 자산은 그것을 활용한 다양한 서비스를 가능하게 한다. 도로와 버스라는 자산이 있다면 사람들을 원하는 곳으로 이동하게 해주는 대중교통 서비스를 제공할 수 있다. 대중교통 서비스가 잘 갖춰진 사회는 종일 기다려도 버스 한 대가 올까 말까 한 사회보다 부유하다. 학교와 교육 프로그램이라는 자산을 갖춘 사회는 국민들에게 교육 서비스를 제공할 수 있다. 병원과 보건소와 의과대학이라는 자산이 있는 사회는 시민들에게 의료 서비스를 공급해준다. 속도 빠른 인터넷망이라는 자산이 있으면 그 사회에선 끊어지지 않고 재생되는 동영상 구독 서비스를 즐길 수 있다. 과거보다 현재 사회가 더 부유해졌다면, 자산이 그만큼 증대하고 자산을 활용한 서비스도 확대되었다는 의미다.

아날로그 시대의 자산은 아날로그 서비스를 만들어낸다. 오늘날 아날로그가 디지털로 바뀌고 있는데, 이를 '디지털 전환'이라고 부른다. 디지털 전환에 의해 과거에 존재하지 않았던 새로운 자산, 곧 디지털 자산이 등장하고 그 위에 디지털 서비스가 출현한다. 디지털 서비스의 특징은 시간과 공간의 제약을 초월한다는 점이다. 셰익스피어의 《베니스의 상인》에서 우리는 아날로그 서비스의 전형적인 형태를 볼 수 있다. 상인 안토니오는 고리대금업자 샤일록에게 돈을 빌리고 자기의 상선이 물건을 싣고 귀항하면 돈을 갚기로 한다. 안토니오를 미워하는 샤일록은 안토니오에게 정해진 날짜까지 돈을 갚지 못하면 '심장 주변에서 살 1파운드를 베어내기로' 하는 계약서에 서명하게 한다. 그런데 상선이 난파하면서 안토니오가 정해진 날짜에 돈을 갚을 수 없게 되자, 샤일록은 안토니오에게 재판을 걸어 그의 살을 베어낼 준비를 한다. 알다시피 이 이야기에서는 현명한 재판관이 "살은 베어내도 되지만 피는 한 방울도 흘려서는 안 된다"며 샤일록의 허점을 찔러 판을 뒤집는다. 주목할 것은 안토니오의 현금은 상선의 귀환이라는 실물 자산의 움직임과 똑같은 속도로만 유동된다는 점이다. 디지털 시대라면, 계약이 적법한가는 차치하고라도, 안토니오는 상선이라는 자산을 담보로 달러든 원화든 어렵지 않게 현금 유동성을 확보할 수 있다. 즉 사업가 안토니오는 샤일록 면전에서 휴대폰을 꺼내 모바일 뱅킹에 접속해, 신용대출을 받아 샤일록에게 간단히 쏴주고 그의 음모에서 벗어났을 것이다.

디지털 경제에 대한 예측 중에는 부가 더 이상 창출되지 않아 "자본주의가 종식될 것"이라는 전망도 있었다. 제러미 리프킨은 "한계비용이 제로(0)로 수렴"하는 까닭에 자본주의가 종식되리라고 예언했다. 리프킨에 의하면, 디지털 서비스는 무한 복제가 가능하고 거래 비용이 들지 않으므로 서비스 한 단위의 추가 생산비용이 0에 가깝다. 그러므로 경쟁 시장에서 디지털 서비스의 가격은 무료로 수렴하고, 기업은 더 이상 이윤을 창출할 수 없게 된다. 모든 기업이 같은 양상을 보이므로, 결과적으로 자본주의 체제는 소멸된다는 것이다.

하지만 그의 예언과 다르게 자본주의는 종식될 것 같지 않다. 실은 그 반대로 보인다. 세계 총생산은 해마다 늘어나고, 절대 빈곤층은 줄어들며, 평균수명은 길어졌다. 소비자에게 무료 서비스를 제공하는 기업들이 오히려 새로운 부의 기회를 잡았다. 2007년에 시가총액 기준 글로벌 5대 기업은 페트로차이나, 엑손모빌, 제너럴일렉트릭GE, 차이나모바일, 중국공상은행이었는데, 2017년 그 순위는 애플, 구글, 마이크로소프트, 아마존, 페이스북으로 바뀌었다. 2007년 GE의 시가총액은 한화로 약 390조 원이었다. 2019년 구글의 시가총액은 약 940조 원이다. 구글, 아마존, 페이스북, 애플의 첫 글자를 딴 'GAFA'는 모두 디지털 플랫폼 기업이다. 부의 흐름은 디지털 플랫폼으로 향했다. 자본주의는 문을 닫기는커녕 '플랫폼 자본주의'로 진화했다. 과거에는 상상할 수 없던 혁신적 서비스가 생겨났다. 분명히 세상은 더 부유해졌다.

하지만 디지털 경제에서 부는 얼마나 공평하게 분배되는가? 부가 증대하는 정도와 더불어 세계가 보다 민주적이고 평등해지는 방향으로 나아가는가? 그렇지는 않다. 인류 역사에서 자산 불평등은 늘 있어왔지만, 디지털 전환이 일어나는 동안 글로벌 차원에서 자산 불평등은 확연히 심해졌고, 양극화는 커졌다.

'슈퍼 리치'들이 독점한 부는 사상 최대 규모다. 디지털 플랫폼 기업들의 시장 독점도 심각하다. 그런데 자산이 소수에게 집중될수록 사회의 자원 배분 효율성이 떨어지고, 이는 혁신과 생산성 향상에 걸림돌이 된다. 디지털 경제는 엄청난 부를 만들어내지만 정작 경제 기반은 조금씩 침식하고 있다.

그렇다면 디지털 경제의 미래는 어두운 것인가? 그 대답은 우리가 어떤 선택을 하느냐에 달렸다. 서서히 나타나는 디지털 경제의 다음 국면에 주목해야 한다. 우리 필자들은 그 국면을 '디지털 자산혁명'이라고 부른다. 사람들은 디지털 자산혁명에 앞서 얼마 전까지 비트코인이 이끈 '암호화폐 전성시대'를 목격했다. 암호화폐 전성시대는 디지털 자산혁명을 여는 서막에 불과했다. 화산이 폭발하고 시간이 지나 재가 가라앉듯 암호화폐는 고조기를 지나 소강 상태에 빠져든 것처럼 보인다. 그러나 그 고조기에 주목받은 블록체인 기술은 꾸준히 혁신을 거듭했다. 디지털 자산혁명은 블록체인 기술의 혁신을 발판 삼아 조용하지만 멈춤 없이 일어나고 있다. 디지털 자산혁명은 자산과 서비스를 아날로그 세계의 물리적 제약으로부터 해방시킬 것이다. 끊임없는 혁신, 증대하는 풍요, 정의로운 분배가 선순환하는 부의 새로운 시대가 열릴 것이다.

디지털 전환, 부의 방향을 바꾼다

자산과 서비스가 디지털로 변한다

1998년에 대학수학능력시험 최초의 만점자가 나왔다. 만점을 받은 오승은 씨는 인터뷰에서 "어릴 때부터 백과사전을 즐겨 읽었다"고 대답했다. 오 씨뿐만 아니라 1990년대까지 이른바 영재들 중에는 어릴 적에 백과사전 읽기가 취미였다고 말하는 경우가 많았다. 교양 수준이 어느 정도 되고 아이들 교육에 부모의 관심이 큰 집에는 으레 거실 책장에 수십 권짜리 백과사전 한 질이 꽂혀 있기 마련이었다. 백과사전 한 질의 가격은 20~30년 전 물가로도 출판사에 따라서 수십만 원에서 100만 원을 훌쩍 넘는 것까지, 만만하지 않았다. 백과사전 한 질을 갖

춤으로써 교양 수준을 과시하고 싶은 가구도 많아 백과사전은
매년 적지 않게 팔렸다.

대표적인 백과사전이던 《브리태니커》는 2012년 종이책 출간
을 중단했다. 2001년 출현한 〈위키피디아〉와 경쟁에서 이길 수
없었기 때문이다. 두 사전의 내용 정확도는 차이가 없다는 결론
이 내려졌다. 그런데 위키피디아는 무료이고, 인터넷에 접속하
면 언제 어디서든 볼 수 있다. 종이 백과사전이 사라진 것은 디
지털 시대로의 전환을 상징하는 하나의 사례다.

디지털이란 데이터를 0과 1의 전자 신호로 저장, 표기, 전송
하는 방식이다. 아날로그 데이터를 디지털 데이터로 바꾸면 많
은 데이터를 빠르게, 대용량으로, 시공간 제약 없이 전송할 수
있다. 디지털 데이터와 여러 기술이 결합되면 각종 디지털 서비
스가 만들어진다. 사진이 디지털화되면서 전 세계 어디서나 내
가 찍은 사진을 올리고 지구 반대편에 사는 타인이 찍은 사진을
구경할 수도 있는 사진 공유 서비스가 출현한다. 음원이 디지털
화되면서 음원 스트리밍 서비스가 출현했고, 지도가 디지털화
되면서 내비게이션 서비스가 등장했다.

돈이 디지털화하면? 고객의 아날로그 예금 정보를 디지털 데
이터화하고, 암호화 기술 및 통신 기술과 결합하면 인터넷 뱅킹
서비스를 만들 수 있다. 사실 금융은 사회 전반과 비교해 디지
털화가 빠르게 진행된 산업이다. 우리나라에서는 1975년 외환

은행이 CD(현금자동인출기)를 처음 도입했고, 1984년에는 조흥은행 명동지점에서 최초의 ATM(현금자동입출금기)을 도입했다. 1990년대에 ATM이 보편화되면서 한국은행이 주도하는 은행 간 전산 공동망이 구축되었고, 이를 토대로 은행 거래의 온라인화가 본격화되었다. 1990년대 후반 인터넷이 보급되며 2000년에는 신한은행이 최초로 인터넷 뱅킹 서비스를 시작했다. 조사에 따르면, 2018년 말 현재 18개 국내 은행과 우체국예금 고객 기준 인터넷 뱅킹 등록 고객 수는 1억 4,656만 명에 이르며,* 전체 인터넷 뱅킹 이용 실적 가운데 휴대폰을 이용한 모바일 뱅킹 비중은 건수 기준 62.7퍼센트이다.** 돈의 디지털화는 '은행을 내 손 안으로' 가져왔다.

경제학에서는 지폐나 주화 등 손으로 만질 수 있는 돈을 현금통화라고 한다. '돈의 디지털화'는 이 현금통화를 점점 더 쓰지 않는다는 뜻이다. '현금 없는 사회'로 변해가는 것이다. 현금 거래 비중이 가장 낮은 나라인 스웨덴의 경우, 2013년에 강도가 스톡홀름의 한 은행을 털러 들어갔다가 금고에 돈이 하나도 없어 허탕치고 도망갔을 정도다. 스웨덴은 전체 통화량에서 현금, 즉 종이돈과 주화가 차지하는 비중이 1.5퍼센트에 불과하다. 한

---

* 한국은행 통계. 여러 은행에 가입한 경우 중복 합산.
** 〈디지털 기술 혁신과 은행업의 미래〉(조혜경, 4차 산업혁명 시대 일자리 창출과 금융산업 발전을 위한 집중 포럼 기조 발표문, 2019).

국도 전체 결제 수단 가운데 현금이 차지하는 비중은 13.6퍼센트에 불과하며, 신용카드 및 체크카드가 차지하는 비중이 71퍼센트를 차지한다(2016년). 이미 돈의 절대적인 비중은 은행 및 금융기관의 서버에 기록된 디지털 데이터로 존재한다.

불과 한 세대 전만 해도 은행 업무를 보려면 반드시 은행 문이 열린 시간에 통장과 신분증, 도장을 들고 찾아가야 했다. 지금은 휴대폰만 있으면 안면 인식, 홍채 인식, 핀 번호 등으로 언제 어디서든 안전하게 송금 서비스와 신용 대출 서비스를 이용할 수 있다. 시간을 절약하고 유동성의 흐름이 빨라지면서 개인과 사회 전체에 후생이 늘어난다. 돈의 디지털화가 사회적 가치를 증대시켰다.

아날로그 시대에 화폐는 특정한 속도, 바로 인간의 속도로 움직였습니다. 디지털 시대가 되면서 화폐 통용 범위가 넓어지고 거래 속도도 빨라졌죠. 하지만 우리 운명은 문지기 역할을 하는 기관들 손에 쥐어져 있습니다. 돈은 오직 은행의 속도로 움직입니다. (…) 이제 새로운 화폐의 시대가 열리려 합니다. 미래의 화폐는 프로그램할 수 있습니다. 소프트웨어와 통화를 접목하면 화폐는 고정된 가치 단위 이상의 의미를 지니게 됩니다. 프로그램이 가능한 세상에서는 문지기 역할을 하는 사람과 기관의 할 일이 없어집니다. 거래하고 있단 느낌마저

안 들겠죠. 소프트웨어가 통제권을 쥐게 되면 화폐의 흐름은 더 안전해질 겁니다. 프로그램 가능한 화폐의 출현은 거대 인증 기관*의 역할을 네트워크에서 아예 배제할지도 모릅니다. 이것은 화폐의 혁신을 더욱 촉진할 겁니다. 프로그램 가능한 화폐는 화폐의 민주화를 실현할 것입니다.

_〈돈의 미래〉**

미래학자이자 화폐 연구자인 네하 나룰라의 말이다. 네하 나룰라는 디지털 화폐는 물리적 형태로 규정되지 않고 인간의 속도를 초월해 더 넓게, 더 빠르게 이동한다고 말한다. 그러나 이 디지털 화폐의 속도를 제약하는 존재들이 있다. 네하 나룰라는 이들을 '문지기 기관'이라고 부른다. 문지기 기관이란 다름 아닌 은행과 금융기관이다. 네하 나룰라는 이 기관들이 혁신을 정체시킬 수 있다고 지적한다.

디지털 전환 속 어두운 그림자

어느 사회에서나 지폐 위조는 살인에 준하는 중범죄로 보고 중

---

* 금융기관.
** 네하 나룰라 TED 강연.

형으로 처벌한다. 위조지폐가 일으키는 경제 교란 행위를 그처럼 심각한 문제로 보기 때문이다. 그런 까닭에 대부분의 나라에서는 정부나 중앙은행 같은 중앙 관리자가 화폐의 발행 및 유통을 거의 전적인 통제권을 가지고 관리하는 '중앙집중형 관리체제'를 택하고 있다. 중앙집중형 관리체제는 중앙 관리자와 일반 사용자를 분리하고 관리자의 통제를 관철하는 불평등한 체제다.

디지털 시대는 '네트워크'라는 표현처럼 수평적이고 분권적인 형태일 것 같지만 자산 관리라는 점에서는 오히려 반대다. 자산이 디지털화되면서 중앙 관리자의 통제력은 더 강화되어 왔다. 이것은 디지털의 속성과 관련이 있다. 재산이 가치를 가지려면 고유하게 존재해야 한다. 즉 자산은 '고유성'을 유지해야 한다. 그런데 디지털 데이터는 무한히 복제해서 만인에게 전송하는 게 가능하다. 또한 디지털화된 정보는 원본과 사본이 구별되지 않는다. 자산의 고유성이 파괴될 위험이 있다. 예를 들어보자.

동혁의 통장에 100만 원이 있다. 동혁이 그 100만 원을 월세로 집주인인 철호에게 송금하는 순간 동혁의 통장은 '0원'이 되어야 한다. 동혁의 100만 원은 동혁의 통장에 있으면 철호 통장에는 없어야 하고, 철호에게 있다면 동혁에게는 없어야 한다. 상식적으로 당연하다. 그런데 동혁이 계좌의 100만 원을 두 번

복사하여 300만 원을 만들어서, 100만 원으로 월세를 지불하고, 100만 원으로 차량 리스 대금을 지불한 뒤 남은 100만 원으로 주식을 구매한다고 해보자. 이처럼 디지털 방식으로 자산을 복제해서 전송하는 것을 '이중지불'이라고 한다. 이중지불이 가능하다면 동혁은 부당 이익을 얻게 된다. 그리고 모든 사람이 이중지불을 한다면 화폐 가치가 폭락하면서 경제는 붕괴한다. 경제의 안정성을 위해서는 자산 고유성을 파괴하는 이러한 이중지불을 반드시 막아야 한다.

따라서 디지털 경제에서는 이중지불을 막는 것이 관건이다. 이에 아날로그 시대보다 더 철저한 보안 대책이 필요했고, 중앙 관리자의 권한과 지위는 아날로그 시대보다 더 강해졌다. 디지털 시대의 금융기관이야말로 조지 오웰의 소설 《1984》에 나오는 '빅 브러더'가 될 힘을 가졌다. 과거의 어떤 전제 군주도 소설 속 빅 브러더와 같은 통제력을 가지지 못했는데, 통제력은 데이터로부터 나오기 때문이다. 전제 군주는 민중들이 안 보이는 곳에서 무엇을 하고 누구와 거래하는지 거의 아는 바가 없었다. 그와 달리 오늘날의 금융기관들은 디지털 기술과 정보통신 기술로 사람들의 금융·신용·거래·활동 데이터를 한 곳에서 파악하고 관리할 수 있게 되었다.

거기에 더해 디지털 경제에서는 소수 대기업의 시장 독점이 점점 강화되고 있다. 특히 디지털 플랫폼 기업이 그러하다. 인터넷 검색 시장에서 구글의 비중은 압도적이다. 페이스북의 순 이용자는 24억 명에 이르며, 페이스북·인스타그램·왓츠앱은 소셜미디어 트래픽에서 70퍼센트 이상을 차지한다. 아마존이 유통 시장에서 벌이는 독점에 대해서는 '아마존하다^{amazonize}'는 신조어까지 나올 정도다. 디지털 경제 연구자 닉 스르니첵에 의하면, 2008년 세계 금융위기 이후 금융 자산의 투자 수익률이 줄면서 유휴자본이 디지털 기술 기업으로 흘러들어갔고, 그것이 플랫폼 기업 급성장의 배경이다.

플랫폼은 다자간 경제활동이 이뤄지는 장소를 의미하는 말이다. 전통시장, 백화점, 대형 마트는 아날로그 시대의 대표적인 플랫폼이다. 아마존, 이베이, 알라딘 등 전자 상거래 쇼핑몰은 디지털 플랫폼이다. 디지털 플랫폼은 크게 기술 플랫폼, 거래 플랫폼, 비거래 플랫폼으로 구분할 수 있다.* 기술 플랫폼은 대고객 서비스의 전 생산 과정에서 필요한 요소들을 결합하는 플랫폼이다. 예를 들어 아마존 클라우드 서비스는 인공지능에 기반해 기업의 생산을 지원하는 대표적인 기술 플랫폼이다. 거래 플랫폼은 판매자와 구매자가 만나는 곳으로, 알라딘 같은 인터넷 쇼핑몰에서부터 우버나 에어비앤비 같은 공유경제 플랫폼, 광고와 이용자를 연결해주는 구글 같은 검색 플랫폼을 포함

---

*《블록체인, 플랫폼 혁명을 꿈꾸다》(이차웅, 나남, 2019).

한다. 비거래 플랫폼은 주로 공공서비스와 시민을 연결하는 목적의 플랫폼이다.

산업의 중심이 디지털 플랫폼으로 빠르게 이동하고 있다. 삼성전자는 스마트폰 시장 점유율 세계 1위이며, 영업이익에서 애플을 추월하거나 비등하지만, 무선 사업(IT 및 모바일)만 놓고 보면 애플의 영업이익에 한참 못 미친다. 그 이유는 무엇일까? 애플은 애플 앱스토어라는 플랫폼을 가지고 있는 반면 삼성은 그렇지 못하기 때문이다. 고객은 삼성 갤럭시 스마트폰을 구매한 다음 구글 앱 플랫폼인 플레이스토어에서 앱을 사다가 설치한다. 애플은 아이폰 판매에 더해 앱 판매 수수료까지 얻지만 삼성 스마트폰을 통해서는 구글이 수수료 수익을 얻는다. 이 사실은 제조업에 대한 플랫폼의 승리를 단적으로 보여준다.

공짜 서비스 줄게, 데이터 다오?

그런데 플랫폼 기업이 급성장할 수 있었던 것은 서비스 이용자 데이터의 방대한 축적과 직접 관련이 있다. 디지털 플랫폼에서는 디지털 데이터에 기반하여 디지털 서비스가 창출된다. 구글은 이용자의 검색 데이터를 광범위하게 수집하여, 이를 바탕으로 기업의 광고를 최적의 고객에게 맞춤형으로 연결하고 기업에게서 수수료를 받는다. 아마존은 고객들의 구매 데이터를 기반으로 개인별, 지역별, 계절별로 주문이 많은 상품들을 최적 배치하고, 심지어 고객이 주문하기 전에 배송을 시작하는 서비스로 수익을 올린다. 카카오는 카카오택시 서비스로 시민들의 택시 승차 데이터를 확보하고, 이를 바탕으로 택시 공급이 수요에 못 미치는 시간대에 '카풀'이라는 승차 호출 서비스를 판매하려고 했다. 이는 기존 택시업계와 심각한 갈등을 유발했다.

언급했듯이 플랫폼은 독점화로 향하는 경향을 보인다. 플랫폼이 가진 네트워크 효과 때문이다. 네트워크 효과란 참여자가 한 사람(+1) 늘 때 네트워크 전체의 효용이 +1보다 더 크게 늘어나는 것을 의미한다. 많은 사람이 같은 메신저 프로그램을 사용한다면 나도 그 프로그램을 사용하는 게 이익이다. 플랫폼은 한쪽에는 서비스 이용자, 한쪽에는 서비스 공급자가 존재하는 양면 네트워크로 구성된다. 서비스 이용자가 많이 확보되면 그들에게 서비스를 판매하려는 공급자도 그 플랫폼에 들어올 수밖에 없다. 공급자가 높은 수수료를 내고서라도 그 플랫폼에 들어오려고 하기 때문에 플랫폼 기업은 이용자에게는 플랫폼 진입 비용을 요구하지 않는다. 그래서 우리는 네이버나 페이스북의 기본 서비스들을 공짜로 이용할 수 있다. 한편 공급되는 서비스가 다양해지면 다양한 취향의 이용자가 더 많이 플랫폼으로 들어온다. 이용자가 늘면 데이터도 누적되고, 그에 따라 서비스의 양과 질도 향상된다. 플랫폼의 독점화는 소비자 후생을 높이는 측면이 분명히 있다.

하지만 디지털 플랫폼의 시장 독점은 이용자 데이터로부터 발생한 이익의 독점이라는 또 다른 중요한 문제를 낳는다. 디지털 플랫폼 기업들은 이용자가 온라인상에서 제공하는 정보를 무상으로 수집하고, 이를 가공해 다양한 수익 원천으로 삼는다. 포털에서 여름휴가 여행지를 검색하면 얼마 후 내 컴퓨터와 휴대폰 화면, SNS와 메일에 휴가 여행지 관련 광고가 주르륵 뜨는 경험이 다들 있을 것이다. 플랫폼 기업은 이용자의 검색 데이터를 활용해 광고와 매칭하고 광고주로부터 수수료를 받는다. 플랫폼 기업들이 사용하는 인공지능은 이용자가 제공하는 데이터로 꾸준히 학습시켜야만 생산성을 유지할 수 있다. 인공지능의 학습 방법인 '머신러닝'에는 빅데이터 공급이 필수적이다. 그러나 플랫폼의 이용자들은 플랫폼 기업이 인공지능을 학습시켜 새로운 수익을 창출하는데도 자신들이 제공한 데이터에 대해 아무런 보상을 받지 못하고 있다.

디지털 플랫폼 이용자들이 데이터만 제공하고 그에 대한 보상을 받지 못한다는 비판에 대해, 디지털 플랫폼의 입장을 옹호하는 쪽에서는 "이용자들은 데이터를 제공하는 대신 무료 서비스를 되돌려받지 않느냐"고 반문한다. 그러나 이런 입장은 '기술 봉건주의' 발상이라는 비판을 받는다. 자본주의 이전 봉건주의 사회에서 영주는 농노를 보호한다는 명목으로 겨우 생존할 정도의 식량만 제공하면서 농노가 경작한 농산물 전부를 차지했다. 플랫폼 기업도 이와 비슷하다는 것이다. 이용자들에게 서비스를 제공하는 대신 이용자들이 데이터를 계속 생산하게 만들고, 데이터에서 나오는 경제적 수익은 다 차지하기 때문이다. 하지만 이런 방식으로는 개인이 더 이상 양질의 데이터를 제공하려고 애쓸 동기가 사라진다. 그렇다면 현재의 디지털 플랫폼 기업의 독점이 강화될수록 새로운 혁신이 정체될 위험이 있다. 시카고대학교 법학대학원 교수 에릭 포즈너와 마이크로소프트연구소 수석연구원 글렌 웨일은 그들이 쓴 책에서 이렇게 말한다.

봉건주의가 땅을 개선하거나 교육받는 것을 저해했던 것처럼 기술 봉건주의는 개인의 발전을 저해한다. 투자를 해 공헌도를 높여봤자 어차피 사이렌 서버*들이 수익의 대부분을 가져간다는 사실을 알고 있기에 양질의 데이터를 제공하는 기술이나 관련 경력을 개발하는 것은 부질없다. 기껏해야 디지털 커뮤니티의 열성 회원으로 활동하면서 사람들의 인정이나 부러움 정도를 받는 것이다. 최악의 상황은 열심히 데이터를 공급하는데 다른 사람들과 동일한 디지털 서비스를 제공받는 것이다.

_《래디컬 마켓》**

디지털 경제가 가져오는 소비자 후생이 빛이라면 위와 같은 문제들은 디지털 경제의 그림자다. 인터넷의 보급과 함께 시작된 디지털 경제 초기, 사람들은 자율, 분권, 평등, 정의에 기반한 새로운 경제가 펼쳐질 거라고 생각했다. 그러나 그 기대는 저녁 놀처럼 짧은 시간 하늘을 아름답게 물들이고 시야에서 사라지는 것처럼 보인다. 오늘날 경제는 더 촘촘해지고 더 강해진 중앙 관리자의 통제를 받고, 시민들은 거대 플랫폼 기업에게 자신의 일거수일투족에 관한 모든 데이터를 제공하고, 약간의 무료 서비스를 누리는 것으로 만족해야 하는지도 모른다. 디지털 플랫폼 기업들이 쌓아올리는 막대한 부를 그저 멀리서 바라보면서 말이다.

그러나 막다른 길에 다다르면 또 다른 길이 열리듯 디지털 경제는 진화하고 있다. 인터넷 세계 저 어디서엔가, 중앙 관리자의 통제와 플랫폼 독점을 넘어서기 위한 혁명이 시작되고 있었다.

---

* 디지털 서비스 기업.
** 에릭 포즈너·글렌 웨일, 박기영 옮김, 부키, 2019.

디지털 경제, 장애물을 뛰어넘다

비트코인, 이중지불 문제를 해결하다

2008년 11월 1일, 사토시 나카모토라는 정체를 알 수 없는 인물이 발송한 한 통의 메일이 암호학과 컴퓨터공학 분야의 전문가들에게 도착했다. 〈비트코인: 개인 간^{P2P} 전자화폐 시스템〉이라는 제목이 붙은 아홉 쪽짜리 논문이었다. 사토시 나카모토는 디지털 세계에서 중간 관리자 없이 전송할 수 있으며 동시에 이중지불 문제를 해결한 화폐 시스템을 만들었다고 주장했다. 그것이 사실이라면 금융기관의 엄격한 관리 아래 유통하는 온라인 화폐와는 전혀 다른 화폐, 순수한 의미의 디지털 자산이 등장했다는 뜻이었다.

2009년 1월, 사토시 나카모토는 논문에서 제시한 아이디어를 실제 구현해 보였다. 비트코인 시스템이 성공적으로 가동되어, 최초의 비트코인이 발행되었다. 비트코인 시스템은 은행 등 제3의 중개자 혹은 중간 관리자의 역할 없이 시스템 참여자 간의 합의에 의해, 이중지불의 위험을 제거하고 온라인 화폐를 안전하게 발행·전송하는 길을 열었다. 비트코인은 최초의 '탈중앙 디지털 화폐 시스템'이었다. 그리고 그것이 가능한 기술적 배경에는 블록체인이 있었다.

　블록체인은 기술을 가리키는 말로도 쓰고 시스템을 가리키는 말로도 써서 맥락에 따라 의미하는 바가 조금씩 다르다. 이 책에서는 '블록체인'이라고 하면 블록체인 기술을 가리키고, 시스템을 뜻할 때는 블록체인 시스템이라고 지칭할 것이다. 기술로서 블록체인을 간단히 정의하면 '데이터 분산 관리 기술'이다. 부연하면 '디지털 데이터를 기록하고 관리하는 분산 컴퓨팅 기술'이겠다. 얼마 전까지 블록체인을 가리키는 용어로 '분산 원장'이 인기가 있었다. 분산 원장은 분산해서 관리하는 회계 장부(원장) 또는 회계 장부를 복제하고 분산해서 다수가 동시에 관리하는 방식을 가리킨다. 하지만 분산 원장은 스마트 계약 기능이 포함된 발전된 블록체인 기술 전반을 설명하기엔 적절하지 않다. 다만 비트코인 시스템을 설명하는 데는 큰 문제가 없다. 분산 원장은 다음과 같이 비유할 수 있다.

갑수가 한 마을에 사는 이웃인 을형에게 10만 원을 빌려주었
다. 채무 관계는 두 사람만 안다. 만약 을형이 나중에 "돈? 나
는 너한테 빌린 적 없는데?" 하고 잡아뗀다면 갑수 혼자서는
사실관계를 입증할 수가 없다. 둘만으론 신뢰를 보장하기가
힘든 것이다. 이런 문제가 일어나는 것을 막기 위해 마을 사
람들은 공동 장부 하나를 만들어 마을 이장 집 금고에 보관하
고, 이장에게 관리를 맡기기로 했다. 갑수와 을형은 이제 그
장부에 "모월 모일 갑수가 을형에게 10만 원을 빌려주다"라
고 쓰고, 둘 사이의 채권·채무 계약을 확인하려면 이장 집 금
고에서 장부를 꺼내 보면 된다. 갑수와 을형 사이에 이장이
중개자로 들어옴으로써 갑수와 을형만 있을 때보다 신뢰가
보장된다. 그러나 이 방식에도 문제는 있다. 갑수보다 을형과
더 친한 마을 이장이 을형에게 유리하도록 슬쩍 장부를 위조
할 수도 있고, 마을 사람 가운데 솜씨 좋은 도둑이 있어 이장
집 금고를 따고 장부를 빼내거나 내용을 멋대로 바꿔놓을 수
도 있다. 그래서 마을에서는 장부 관리를 이장 한 사람에게만
맡겨두지 않고 마을 주민 가운데 원하는 사람은 모두 관리자
가 되기로 했다. 관리자 역할을 맡은 주민들은 모두 같은 장
부를 하나씩 갖고, 주민 중 누가 누구와 돈 거래를 하든 모든
장부에 그 내용을 똑같이 적기로 했다. 이렇듯 이장 집에 장
부를 보관해놓고 쓰는 것이 공동 장부 방식이라면, 같은 장부

를 하나씩 보관해놓고 쓰는 것을 공동 장부의 분산 관리 방식이라고 할 수 있다.

공동 장부의 분산 관리 방식을 사용한다고 하고, 갑수가 을형에게 10만 원을 빌려준다고 하자. 갑수는 여러 장부 관리자 중 한 사람에게 그 사실을 알리며 기록해달라고 요청한다. 갑수가 장부를 갖고 있다면 자기 장부에도 기록한다. 어느 경우든 장부에 기록할 정보를 획득한 사람은 그 정보를 장부를 가지고 있는 모든 마을 사람들에게 알려야 한다. 정보를 접한 사람은 또 다른 장부 관리자에게 알리고…. 그래서 "갑수가 을형에게 10만 원을 빌려주다"라는 내용이 마을의 모든 장부에 똑같이 적히고, 서로 대조하여 모든 기록이 동일하다는 것이 확인되어야 이 과정이 끝난다. 만약 을형이 장부 내용을 정반대로, 가령 "을형이 갑수에게 10만 원을 빌려주다"로 변조하려 한다면, 마을에 있는 모든 장부를 모조리 위조해야 한다. 이것은 거의 불가능할 것이기에 장부 위조의 위험은 크게 줄어든다. 이처럼 거래 내용을 동일한 장부(원장) 여러 개로 분산시켜 기록하고 관리하면 단일 관리자에게 권한을 모두 맡기는 것에 따른 불안도 해소하고, 기록의 진실성도 확보할 수 있다.

이런 비유는 실제 블록체인 시스템의 운영과 똑같지는 않지만 데이터의 분산 관리 기술이라는 블록체인의 본질은 보여준다. 사토시 나카모토는 정부나 중앙은행을 중심에 둔 중앙집중형 화폐 시스템과는 달리 시스템 참여자들이 각각 독립적인 관리자가 되는 탈중앙 디지털 화폐 시스템을 만들었다. 그리고 이 시스템이 성공적으로 가동되는 것을 보자, 대안적 화폐 시스템에 대한 사회적 상상력에 불이 붙었다. 비트코인이 일으킨 활기 속에 조금씩 다른 다양한 디지털 화폐들이 등장했다. 이 디지털 화폐들은 가상화폐, 가상통화 등의 이름을 얻다가 암호화폐라고 불리기 시작했다. 암호화폐는 2016~2017년 전성시대를 맞았다. 새로운 암호화폐에 대해 투자금을 모으는 ICO[Initial Coin Offering](암호화폐 발행)에 수백억 달러가 모이는 성공 사례도 속출했다.

암호화폐라는 명칭은 블록체인 시스템에서 생성되고 유통되는 디지털 화폐를 가리키는 용어로 자리 잡았다. 하지만 그 용어가 반드시 적합하다고 할 수는 없다. 그 용어는 온라인에서 이중지불을 막기 위해 고난도의 암호화 기술을 사용했다는 걸 강조한 것이기 때문이다. 블록체인 기반 분산형 시스템이 아닌 중앙집중형 시스템의 관리자(은행 등 기존 금융기관)들도 당연히 보안에 고난도 암호화 기술을 사용한다. '암호화'를 강조하는 용어가 이 디지털 화폐의 본질을 잘 설명하는 것은 아니라는 이야기다. 가상화폐나 가상통화라는 명칭도 마찬가지다. '가상'은 디지털 세계가 실제가 아니라고 전제하는데, 그렇게 본다면 은행을 중개자로 하여 이뤄지는 온라인 송금 거래도 다 '가상'이고 실제가 아니라고 해야 한다. 하지만 은행 계좌의 숫자가 디지털 형태를 하고 있다고 실제가 아니라고 할 수 있는가? 우리는 디지털화한 데이터를 실제라고 굳게 믿고 경제활동을 하지 않는가?

암호화폐나 가상화폐보다 적합한 이름을 찾는다면, 중앙집중형 시스템으로 신뢰를 보장하는 법정화폐와의 차이에 주목하여 '탈중앙 화폐'라고 부를 수 있겠다. 그러나 안타깝게도 모든 암호화폐가 탈중앙적이라고 말하기는 어렵고, 실은 '화폐'의 기능을 다 하고 있는지도 꽤나 논쟁적이다. 대다수 암호화폐는 화폐로서 가장 기본적인 기능인 지불수단의 기능마저 제대로 수행하지 못하기 때문이다. 그래서 암호화폐의 화폐로서 기능보다 가치 저장의 기능을 강조하여 '암호자산'이라고 부르자는 사람들도 많다. 혼동을 줄 수 있는 화폐라는 용어보다 암호자산 또는 디지털 자산이라고 부르자는 제안이 블록체인 커뮤니티에서는 꽤 널리 수용되었다. 하지만 암호화폐, 가상화폐, 암호자산 등의 용어는 아직 명확히 정리된 바가 없다. 따라서 이 책에서는 디지털 세계에서의 형태에 주목하여 암호토큰이라는 용어를 사용하고, 맥락에 따라 암호화폐(즉 화폐성 암호토큰)나 암호자산(즉 투자성 암호토큰)이라고 부를 것이다.

암호화폐, 스마트 계약 플랫폼으로 진화하다

2018년, 스웨덴에서는 부동산 등기 이전을 블록체인 시스템으로 단 몇 초 만에 완료하는 시범 사업에 성공했다. 이전까지 부동산 등기 이전은 공인된 부동산 중개업자의 중재하에 수많은 서류를 작성하고, 계약금을 치르고, 서류가 손에서 손으로 전달되고, 잔금을 치르고, 마지막으로 열쇠나 키 번호가 전달되는 기나긴 과정을 거쳐야 했다. 스웨덴에서는 이 모든 과정을 휴대폰만으로 단 몇 초 만에 처리한 것이다. 이것을 가능하게 한 것은 한층 진보된 블록체인 기술인 '스마트 계약smart contract'을 이용했기 때문이다. 스마트 계약이란 무엇인가?

스마트 계약 이전, 비트코인은 온라인에서 탈중앙 화폐 시스템이 가능하다는 것을 보여주었다. 그런데 비트코인을 '돈'이라고만 여기는 것은 너무 협소하게 이해하는 것이다. 비트코인은 블록체인에 기반하여, 다수의 컴퓨터로 지급 결제를 검증하는 분산 컴퓨팅 시스템이다. 그런데 기존의 분산 컴퓨팅은 중앙 관리자 역할을 하는 메인 컴퓨터의 운영 지휘하에 여러 컴퓨터의 연산·저장 능력만 빌려다 활용하는 데 비해, 비트코인 시스템은 중앙 관리자 없이 모든 참여자가 동등한 권한을 가지고 합의제로 운영되는 '탈중앙 컴퓨팅'이다. 비트코인은 독자적 화폐로 지급 결제를 실행하는 최초의 온라인 탈중앙 컴퓨팅인 것이다.

그러나 비트코인 시스템은 다수의 관리자들(즉 컴퓨터들)이 거래를 검증하느라 거래 속도가 한심할 정도로 느리다는 약점을 갖고 있다. 비트코인 시스템에서는 지급 결제 내역을 기록한 블록 하나가 생성되는 데 10분을 기다려야 한다. 게다가 적어도 여섯 개의 블록이 이어져야 기록의 불변성이 확정되기 때문에, 거래 청산을 위해서는 길면 한 시간 이상을 대기해야 한다. 탈중앙화라는 철학이 아무리 매력적이더라도 효율성 면에서 중앙집중형 금융 시스템 대신 비트코인 시스템을 사용해야 할 동기가 크지 않은 것이다. 그러나 탈중앙 화폐 시스템의 가능성을 크게 도약시키는 혁신이 등장했다. 그것이 바로 스마트 계약이다.

스마트 계약은 거래를 온라인에서 자동화하는 기술이다. 어차피 블록체인 시스템이 일종의 컴퓨터라고 한다면, 전자화폐의 '지급 결제' 프로그램만 돌려야 할 이유는 없다. '거래' 프로그램도 돌릴 수 있는 것이다(지급 결제와 거래는 비슷한 말 같지만 다르다. 지급 결제는 거래의 일부이다). 기술적 어려움만 해결한다면 말이다.

존이 메리에게 2만 원을 지불하고 피자 한 판을 사기로 했다고 하자. 존이 먼저 메리에게 2만 원을 송금하면 메리가 피자 한 판을 존의 집으로 발송하거나, 메리가 피자 한 판을 발송하면 존이 2만 원을 메리 계좌로 송금한다고 해보자. 여기서 '2만

원 지급 결제'는 피자 주문-결제-배송 과정의 일부이다. 존과 메리 사이에 벌어진 일은 존의 돈과 메리의 제품(또는 서비스)을 맞바꾸겠다는 계약이 체결된 것으로 이해할 수 있다. 이 계약은 '실행'되어야 하고, 최종적으로 '청산'되어야 한다. 계약의 청산이란, 각자 원하는 것을 갖게 되어 더 이상 계약상 요구할 것이 남아 있지 않은 상태다. 메리는 2만 원을 손에 쥐면 되고, 존은 피자를 받아들면 된다. 비트코인 시스템은 존과 메리의 피자 거래 과정에서 오직 지급 결제 단계만 처리할 수 있다. 즉 거래 과정에 존재하는 위험까지 다 해소할 수는 없다. 존이 비트코인으로 메리에게 2만 원을 보냈는데도 메리가 존에게 피자를 안 보내거나, 메리가 피자를 보냈는데 존이 2만 원을 지불하지 않고 모른 체할 가능성도 있는 것이다.

이 계약을 온라인으로 가지고 와, 기술적으로 '청산'을 보장하는 것이 스마트 계약이다. 존과 메리는 2만 원에 피자 한 판을 구매하기로, 즉 맞바꾸기로 온라인에서 합의한다. 존이 2만 원을 온라인상 계좌에 올리면 이 계약은 실행되기 시작한다. 메리는 피자를 정성스레 만들어 배송한 다음 '발송 완료'를 온라인에 인증한다. 배달원이 피자를 존에게 인도하고 이를 온라인에 인증하면, 그제야 2만 원은 메리의 개인 계좌로 입금된다. 배달원의 수수료는 정하기에 따라 메리가 지불할 수도 있고, 피자 값에 포함되어 존이 지불할 수도 있다. 여기까지 들으면, 우리가 이미 하고 있는 일인데 무슨 대단한 스마트 계약씩이나 되느냐고 할 수도 있겠다. 우리가 온라인으로 식료품, 의료 기구, 책, 운동 도구 등을 주문할 때 구매자와 판매자는 이런 식으로 연결되어 '믿고' 거래하는데, 여기에는 플랫폼 기업이 중개자로서 중간에 끼어 있다. 중개자는 '애스크로'라는 방식으로 구매자의 구매 대금을 받아놓고, 판매자의 제품 배송이 완료되면 일정한 수수료를 뗀 후 대금을 판매자에게 이체한다.

이것이 혁신이 되려면, 완전한 탈중앙 방식으로 스마트 계약을 실행할 수 있느냐가 관건이다. 탈중앙 스마트 계약이 이루어진다면, 아마존이나 알라딘 또는 G마켓 등 온라인 중개자를 두지 않고 거래가 가능해지면서 수수료가 크게 낮아진다. 앱을 거래하는 중개 플랫폼인 애플 앱스토어나 구글 플레이는 수수료로 앱 판매 금액의 약 30퍼센트를 가져간다. 아마존은 판매가의 15퍼센트를 수수료로 떼어간다. 이를 개인 대 개인^{P2P} 직거래, 구매자와 판매자의 직거래로 바꾸면 가격을 크게 떨어뜨리면서 양쪽 모두 이익을 본다. 다음으로 경제적 자원을 훨씬 효율적으로 활용할 수 있다. 앞서 소개한 것처럼 스마트 계약으로 부동산 중개자 없이 부동산 매매나 임대가 이뤄진다면 시간과 비용을 대폭 줄이면서 자원을 효율적으로 배분할 수 있다. 블록체인을 적용하면, 계약에 필요한 '신뢰'를 중간 관리자 또는 중개인에게 의지하는 대신 다수가 참여하는 컴퓨터 알고리즘을 통해 해결할 수 있다.

　스마트 계약의 개념은 1994년에 닉 재보가 처음으로 제시했으나 당시에는 이를 가능하게 하는 기술이 부족했다. 블록체인 기반 탈중앙 컴퓨팅으로 스마트 계약을 구현하면, 사람의 개입이 일체 없이 컴퓨터 알고리즘만으로 작동하는 진정한 자동화 플랫폼에 가까이 갈 수 있다. 스마트 계약으로 계약의 이행과 청산을 자동화하고, 블록체인에 계약 내용 데이터를 기록하면, 계약은 공증되고 불변한다.

이더리움을 만든 천재, 비탈릭 부테린

비트코인이 선보인 탈중앙 지급 결제 컴퓨팅은 탈중앙 스마트 계약 컴퓨팅, 즉 탈중앙 거래 시스템으로 진화했다. 경제활동의 거의 모든 것이 온라인에서, 중개자 없이 처리할 수 있게 되었다. 이 혁신적 시스템의 이름은 이더리움이다. 이더리움은 탈중앙 거래 플랫폼의 이름이고, 이 플랫폼에서 지급 결제 수단으로 사용하는 암호화폐는 '이더^{ether}'다. 이더리움은 2014년 갓 스무 살의 천재 비탈릭 부테린에 의해 세상에 선보였다.

　블록체인 기반 스마트 계약 시스템인 '이더리움'을 개발해낸 비탈릭 부테린은 1994년 1월, 러시아 모스크바에서 100킬로미터쯤 떨어진 콜롬나에서 태어났다. 어릴 때부터 수학과 프로그래밍에 재능을 보였고, 열 살쯤에는 직접 코딩한 간단한 온라인 게임을 만들었다. 십대 때 그는 '월드 오브 워크래프트' 게임에 푹 빠져 있었는데, 게임 제작사 블리자드가 자신이 좋아하는 게임 캐릭터의 기능을 마음대로 바꾸자 화가 나서 게임을 접었다. 자유롭다는 인터넷에서도 중앙 관리자의 통제가 항상 존재한다는 걸 깨닫는 사건이었다. 그러다가 2011년 비트코인을 알게 되었고, 대번 탈중앙화라는 철학에 매료되었다. 그는 그해 말부터 혼자 힘으로 〈비트코인 매거진〉을 만들어 인터넷에 여러 글을 썼다.

비탈릭 부테린은 비트코인의 철학을 계승하면서도 동시에 과감한 질문을 던졌다. 비트코인의 기반이 되는 블록체인에 금전 거래만 기록할 이유가 있을까? 그 어떤 프로그램 코드라도 올릴 수 있지 않을까? 위조·변경할 수 없는 프로그램 코드를 올려두고, 프로그램 실행에 대한 신뢰를 바탕으로 블록체인 네트워크의 참여자들이 무엇이든 주고받을 수 있게 한다면? 이것이 비탈릭 부테린이 제시한 '스마트 계약'의 개념이다.

비탈릭 부테린은 블록체인을 스마트 계약과 결합시킴으로써 블록체인 기술을 1세대인 비트코인을 넘어 2세대로 진화시켰다. 진화된 2세대 기술을 구현한 블록체인 플랫폼이 바로 이더리움인 것이다. 휴대폰으로 비유하면, 통화와 문자메시지 기능 위주의 폴더폰이 비트코인 시스템이라면, 앱을 설치해 원하는

비트코인: 데이터 플랫폼

이더리움: 프로그램 플랫폼(스마트 계약)

vs.

● 블록체인 시스템의 진화.

프로그램을 무엇이든 돌릴 수 있는 스마트폰이 이더리움 시스템이다.

탈중앙 화폐 시스템, 새로운 디지털 경제를 열다

이더리움을 소개하는 백서는 많은 수정과 검증 과정을 거친 끝에 2013년 말에 등장했다. 이더리움의 실체는 2014년 1월 미국 플로리다주 마이애미에서 열린 북미 비트코인 콘퍼런스에서 드러났다. 이더리움 네트워크는 각종 ICO 때 필요한 토큰의 발행을 가능하게 한다. 많은 ICO가 프로젝트 개발자들이 투자자들에게 이더를 송금받고 그 대가로 자기네 프로젝트의 토큰을 지불하는 방식으로 진행되었다. 스마트 계약을 사용해서 '언제까지 얼마의 이더를 보내온 사람에게 얼마의 토큰을 자동적으로 송금한다'는 계약 내용을 기입하는 것이 간편하기 때문이다. 그러다보니 이더리움은 비트코인과 함께 암호화폐 경제에서 기축통화와 같은 성격을 갖게 되었다.

이더리움 네트워크는 화폐 거래를 넘어 스마트 계약에 기반해 다양한 활동이 펼쳐지는 새로운 플랫폼을 지향했다. 이더리움 플랫폼에서 참여자들은 자신의 암호화폐를 쉽게 만들 수 있다. 많은 암호화폐 회사들이 이더리움 플랫폼에 들어오는 이유다. 이더리움과 스마트 계약의 등장으로 블록체인 기반 암호화폐 시스템은 일대 도약을 이루었다. 즉 화폐만이 아닌 모든 자산과 자산 거래를 자동화할 수 있는 혁신적인 가능성이 열린 것이다.

탈중앙 디지털 화폐 시스템, 그리고 탈중앙 거래 플랫폼의 등장으로 디지털 시대의 부는 새로운 국면을 맞고 있다. 중앙 관리자의 통제하에 존재하는 디지털 경제의 초기 단계를 넘어서서, 디지털 자산혁명이 벌어지고 있다.

디지털 자산혁명은 디지털 경제를 중앙 관리자의 통제로부터 해방시켜 진정한 글로벌 경제로 발전시킬 것이다. 또한 자산과 서비스의 디지털화를 촉발해 디지털 경제를 이상적인 수준으로 진화시킬 것이다. 무엇보다 디지털 자산혁명은 이전까지 부의 주체라고 할 수 있는 부동산 소유자, 금융기관, 대기업, 독점 플랫폼의 지위를 흔들고 다수 대중을 새로운 부의 주체로 등장시킬 수 있다. 소수의 손에 아날로그 자산이 집중된 사회로부터, 다수가 디지털 자산의 이익을 공유하는 사회로의 거대한 변화가 이루어지는 것이다.

부의 미래, 이것에 주목하라

모든 자산이 디지털 토큰이 된다

우리 집에는
매일 나 홀로 있었지
아버지는 택시 드라이버
어디냐고 여쭤보면 항상
'양화대교'
아침이면 머리맡에 놓인
별사탕에 라면땅에
새벽마다 퇴근하신 아버지

_〈양화대교〉(자이언티)

자이언티의 노래를 부르며 양화대교를 건넌다. 다리 너머 금빛 반짝이는 63빌딩을 바라본다. 저 63빌딩의 주인은 누구일까? 가까운 미래에 이 질문은 의미가 없어질지 모른다. 63빌딩의 주인이 나, 당신, 수천 명의 한국인 또는 수만 명의 각국 시민일 수도 있다. 무슨 말이냐고? 63빌딩의 자산 가치가 한 개 몇백 원, 몇천 원짜리 소액 디지털 토큰으로 전환되어, 블록체인 기반 부동산 거래 플랫폼에서 판매될 것이기 때문이다. 63빌딩 디지털 토큰 이름이 '63토큰'이라고 해보자. 누구나 소액으로 63토큰을 구매하고, 구매한 만큼 건물 가치에 대한 지분과 수익권을 가진다. 63빌딩 내 매장과 사무실 임대 수익을, 가지고 있는 토큰 지분만큼 배당받을 수도 있다. 플랫폼의 토큰 거래에는 시간과 공간의 제약이 없기 때문에 밤낮에 상관없이, 지구 반대편에서도 구매할 수 있다.

디지털 경제 시대, 가치 있는 재산, 즉 자산은 무엇이든 디지털 토큰으로 변환되고 글로벌 차원에서 유통될 것이다. 암호화폐가 돈을 토큰으로 만든 것이라면, 부동산·슈퍼카·호화 크루즈선·기업도 그 가치를 토큰으로 만들 수 있다. 이를 디지털 토큰화tokenization라고 한다. 토큰화의 대상은 예술 작품, 개인 정보, 지적재산권, 탄소배출권 등으로 계속 넓어질 수 있다. 한마디로 모든 사물, 정확히 말하면 그 사물의 권리인 소유권, 사용권, 수익권 등이 디지털 토큰으로 잘게 쪼개져 유통될 것이다.

2016~2017년 암호화폐 전성시대에 ICO가 성행했다. 이때 출현한 암호화폐 프로젝트 가운데는 현실성이 거의 없는데도 수익성을 부풀려 투자자에게 손해를 끼친 프로젝트가 많았다. 그런 와중에 각국 금융 당국은 ICO를 투기적 광풍으로 보아 규제하는 정책을 주로 썼고, ICO 유행은 가라앉았다. 대신 STO가 최근에 떠오르고 있다. STO는 Security Token Offering, 곧 '증권토큰 발행'이란 뜻이다.

ICO가 암호화폐 프로젝트의 미래 사업성 전망을 근거로 토큰을 발행했던 것과는 달리, STO는 실물 자산의 가치에 근거해 토큰을 발행하는 것이므로 수익성이나 안정성을 객관적으로 평가할 수 있다. STO 시장이 2022년 5조 달러 규모로 성장한다는 아주 낙관적인 예측부터, 2030년까지 2조 달러 규모로 성장할 것이라는 다소 조심스런 예측까지 전망은 다양하다. 하지만 '꿈'에 기대어 투자를 모은 ICO에 비해 '실제 만지고 볼 수 있는 자산'에 기대어 투자하는 STO에는 분명히 커다란 성장 잠재력이 있다.

STO에서 특히 주목하는 것이 대표적인 자산인 부동산이다. 이미 부동산을 복수의 투자자가 자금을 조성해 구매하는 방식으로 '리츠REITs'가 있다. 디지털 토큰을 이용하는 방식은 자산의 지분을 분할 거래한다는 점에서 리츠와 비슷하다. 그러나 디지털 토큰을 사용하면 리츠보다 훨씬 더 적은 금액으로도 투자가 가능하다. 거래 비용 면에서도 리츠는 투자자의 자금을 유치하고 관리·운영하는 중개자의 역할이 크기 때문에 중개 수수료가 비싸다. 그러나 블록체인 기반의 토큰 플랫폼에서는 중개자의 역할이 최소화되므로 수수료가 크게 낮아진다. 또한 리츠에서 중개자는 거래 과정에 지속적으로 개입하지만 STO에서는 전 과정이 스마트 계약으로 자동화된다.

한편 리츠도 해외 투자가 가능하지만 아무래도 거래 범위에 제약이 있다. 반면 디지털 토큰 방식은 국경 없이, 또 시간 제약 없이 거래가 이뤄질 수 있다. 실물 세계의 자산이 블록체인 기반 플랫폼에서 디지털 토큰으로 거래되면 글로벌 차원에 엄청난 유동성이 생겨난다.

자산의 상시적 경매시장이 열린다

그동안 자산 거래 시장에 참여하기 위해서는 상당히 큰 규모의 자본금이 필요했다. 그러나 고액 자산들이 디지털 토큰이 되어 작은 조각으로 유동화되면, 큰 자본금 없는 사람들도 자산시장에 참여할 수 있다. 그러면서 자산 거래에 '상시적인 경매시장'이 도입될 것이다.

'상시적인 경매시장' 아이디어는 에릭 포즈너와 글렌 웨일이 《래디컬 마켓》에서 제안한 것이다. 포즈너와 웨일은 자산의 독점이 혁신을 가로막고 불평등을 심화하는 이유라고 진단하고, 자산의 상시적 경매시장이 문제의 해결책이 되리라고 주장한다. 저자들이 제안하는 방법에 따르면, 우선 자산을 소유한 개인은 본인 재산을 직접 평가하여 그 가치를 공개하고, 그 가치에 해당하는 세금을 납부해야 한다. 만약 그가 자기 재산 가치를 일부러 시세보다 낮은 금액으로 제시한다면 상시적 경매시장에서 언제든 그 가치보다 높은 가격을 부르는 사람에게 자산 소유권이 넘어간다.

모든 빌딩, 사업체, 공장, 산비탈 곳곳의 땅 모두에 시세가 형성되어 있고 시세 이상을 지불하는 누구나 그 대상을 소유할 수 있다고 하자. 경매는 자동차 같은 사유재산뿐 아니라 일반적으로 정치 과정을 거쳐 결정되는 사안—예를 들어 공장의 공해 물질 배출 허용량—에도 적용될 수 있다. (…) 이런 경매 제도가 사람들이 끊임없이 얼마를 입찰할까 계산할 필요 없이 스마트폰 앱을 통해 간단하게 실행된다고 가정해보자. 그리고 명백하게 예상되는 혼란들—퇴근하고 와보니 집이 이미 팔린 상황과 같은—은 관련 법이 있어서 발생하지 않는다고 가정하자. 자산을 관리하고 증식하려는 동기가 적절히 작동하고 사생활 보호 같은 가치들도 잘 보호된다고 치자. 경매 수익 전부는 알래스카와 노르웨이의 석유 판매 수익금이

사용되는 것처럼 시민들에게 '사회적 배당금^{social dividend}'의 형
태로 고르게 환원되거나 공공사업의 재원으로 쓰인다고 해
보자.

《래디컬 마켓》

이 방식이 적용되면 자산의 소유권자들이 담합하여 자산 가
치를 끌어올리고 지대^{地代}를 독점하는 일을 막을 수 있다. 또한
사적 소유권은 기껏해야 부분적 소유와 다름없게 되어 자산은
사실상 사회의 공동 소유가 된다. 실질적인 목적을 위해 자산을
사용할 권리만 끊임없이 경매에 부쳐질 것이다. 자산의 독점적
소유로부터 나오는 이익은 사라지고, 경매 제도의 수익이 모두
에게 고르게 분배되면서 경제적 불평등이 급진적으로 줄어들
것이다.

그런데 포즈너와 웨일의 제안마저도 고액 자산의 경매에 참
여할 초기 자본이 없다면 무용지물이다. 디지털 자산혁명의 핵
심 내용인 '자산 토큰화'는 《래디컬 마켓》이 내놓은 제안의 더
욱 급진적인 실현이라고 하겠다. 고액 자산이 디지털 토큰으로
잘게 쪼개어져 상시적 경매 상태에 놓이면, 자산은 더 이상 소
수 부유층의 독점물로서 존재하지 않고 다수 대중이 공동 소유
하고 공동 사용하는 대상이 된다. 값비싼 자산이 소수의 사치
목적이 아니라 다수의 공공 목적에 따라 활용될 것이다. 예를

들어 서울 도심의 비싼 땅이 부자들의 소유라면 거기에 초호화 주택들이 들어설 수 있지만, 그 땅을 토큰화하여 도시 중산층이 공동 소유한다면 그들은 거기에 소수만 거주하는 호화 주택을 짓기보다 토지 가치를 높일 수 있는 학교, 병원, 공연장 등 생산적인 시설을 건축하기를 바랄 것이다. 이처럼 디지털 자산혁명은 자원을 효율적으로 배분하는 길을 제시해준다.

데이터 거래 시장이 온다

블록체인 기반 스마트 계약 플랫폼이 출현하면서 그동안 필요했으나 존재하지 않던 시장이 새로 등장한다. 상시적 데이터 거래 시장이다.

앞에서 말한 것처럼 구글, 페이스북, 아마존 등 디지털 플랫폼 기업들은 무료 서비스를 제공하는 대신 이용자들의 데이터를 방대하게 수집, 축적해왔다. 이들 기업들은 이용자 데이터를 활용하여 머신러닝을 통해 인공지능을 강화시키고 인공지능을 비즈니스에 적용해 수익을 창출하고 있다. 이용자들은 데이터 수집을 거부하면 아예 서비스 자체를 이용할 수 없다. 사실상 거부권을 빼앗긴 채 이용자들은 자신들의 데이터를 기업에 넘겨주고 있는 것이다.

기업들이 데이터 제공자에게 아무 보상 없이 임의로 수집해

온 데이터에 대한 보상을 요구하자는 주장이 제기되고 있다. 데이터를 제공하는 행위를 '데이터 노동'으로 보아야 한다는 주장도 나온다. 인공지능은 인간이 만든 데이터를 통해 훈련되고 학습되므로, 여기에 지속적으로 데이터를 공급하는 사람들의 활동은 제조 현장의 생산노동과 다를 바 없다는 이야기다. 따라서 데이터 공급에는 대가가 지불되어야 하며, 또 '데이터 노동'에 대가를 지불하면 질 좋은 데이터가 증가하고 데이터 기반 서비스 산출물도 증대하리라고 한다. 또한 기업이 불공정하게 차지한 데이터 소득 일부가 데이터 제공자인 시민들에게 이전되면서 불평등이 크게 완화될 것이라고도 한다.

데이터에서 발생한 이익을 공평하게 분배하기 위해서는 우선 개개인이 데이터의 소유권자임을 명확히 확정해야 한다. 그리고 개인의 자율적인 선택과 판단하에 자기 데이터를 제공하고, 그 데이터가 필요한 기업 또는 기관들과 거래하여 정당한 보상을 받을 수 있어야 한다. 이러한 변화는 신뢰할 수 있는 데이터 거래 시장이 있어야 일어날 수 있다. 스마트 계약이 가능한 블록체인 기반의 데이터 거래 플랫폼, 간단히 말해 '데이터 거래소'가 필요하다. 인공지능의 발전과 함께 점점 더 데이터에 대한 수요가 폭발적으로 늘어날 것은 자명한 일이므로 안전하고 효율적으로 데이터 거래가 가능한 환경을 구축하는 일은 반드시 필요하다.

부의 가치사슬에 주목하라

부의 흐름이 바뀌는 시기에는 그 길목에서 혁신적 서비스를 만들어내는 주체들이 부의 기회를 잡는다. 앞으로 디지털 자산시장은 폭발적으로 커질 것으로 전망된다. 우리가 주목해야 할 것은 자산시장에서 가치가 창출되는 연쇄적인 흐름이다. 다시 말해 디지털 자산시장의 가치사슬Value Chain에 집중해야 한다. 가치사슬의 핵심 고리를 선점하고, 시장의 표준을 만들어 공급하는 주체가 디지털 자산시장의 새로운 주도자가 될 것이다.

디지털 자산시장의 가치사슬에서 핵심은 무엇인가? 크게 세 가지다. 첫째는 디지털 자산의 가치 평가 작업이다. 디지털 자산 가치를 감정하고, 합리적인 거래 가격을 산정하는 작업이다. 둘째는 자산의 신탁 및 토큰 발행이다. 자산을 안전하게 관리하면서 블록체인 플랫폼에서 디지털화하는 것, 즉 거래 가능한 암호토큰으로 전환하는 일이다. 셋째는 안전하고 편리한 토큰 거래소의 구축이다. 다양한 디지털 토큰을 신속하고 정확하게 교환하고, 원화·달러·유로 등 법정화폐로 환전할 수 있는 플랫폼을 마련해야 한다. 크게 이 세 가지가 디지털 자산시장의 핵심 가치사슬이 될 것이고, 각각의 사슬에서 무궁무진한 비즈니스 모델들이 등장할 것이다.

예를 들어 디지털 자산 가치 평가와 관련해서, 고객을 대신해 자산 백서를 검토하고 투자 자문을 제공하는 서비스들이 등장한다. 자산 신탁과 토큰 발행에서는 토큰 마케팅과 크라우드 토큰 펀딩 등 전문적인 서비스가 필요하다. 토큰 거래에서는 신뢰할 만한 토큰 거래 플랫폼들이 경쟁하고, 소비자 친화적인 디지털 지갑 서비스 등도 나올 것이다. 이미 JP모건이나 IBM 등 내로라하는 글로벌 플레이어들이 가치사슬의 핵심을 장악하기 위해 발 빠르게 움직이고 있다. 우리도 민간과 정부가 협력하여 미래의 부가 묻힌 이 가치사슬에서 기회를 찾아야 한다.

한편 디지털 자산시장을 둘러싼 제반 환경, 특히 규제 환경을 면밀히 파악하고 현명하게 대응해야 한다. 적절한 규제는 경쟁하는 시장 주체들을 사기와 기만으로부터 보호하고 혁신적 서비스 창출에 집중 투자하게 만들어 사회 전체의 후생을 높인다. 또한 글로벌한 디지털 자산시장의 특징상 국제 차원의 규제 환경이 시장에 커다란 영향을 미친다. 국제 차원의 중요한 규제로는 암호화폐를 이용한 돈세탁 등 일탈 행위를 막기 위한 자금세탁 방지 협약, 디지털 개인 정보 보호의 가이드라인이 되는 유럽 개인정보보호규정GDPR 등이 있다. 최근 글로벌 규제의 특징은 암호화폐를 화폐가 아닌 자산, 즉 암호자산 혹은 가상자산으로 보고 자산 관리와 관련된 기존 법·제도 안으로 끌어들이려고 한다는 점이다. 토큰경제를 마냥 억누르는 것은 시대 흐름상 불가능하니 정교하게 제도화하겠다는 것으로 보인다.

이러한 규제 가이드라인은 회피해서도 안 되고 회피할 수도 없다. 가이드라인을 정확히 준수하면서 동시에 혁신적인 서비스를 만들어내는 주체가 글로벌 시장에서 선두로 치고 나갈 것이다. 우리나라에서는 부산시가 블록체인 혁신의 견인차 역할을 해주리라는 기대를 받고 있다. 부산시는 2019년 7월 '블록체인 규제 자유특구'에 선정되어 2020년부터 관광, 물류, 공공안전, 지역 화폐 분야에서 혁신 서비스 시범 사업을 벌이기 위해 준비 중이다. 국제적인 가이드라인 내에서 디지털 자산시장이 어떻게 작동될지, 어떤 비즈니스 모델들이 등장할 수 있을지 가늠해보는 중요한 실험이 될 것으로 보인다. 이 실험들이 성공하도록 민관이 함께 노력해야 한다.

2016~2017년 암호화폐 붐은 다가오는 시대의 전주곡이었다. 조용히 진행 중인 디지털 자산혁명이야말로 미래 경제의 본편이다. 지금 세계 각국 정부와 대기업, 스타트업들은 블록체인에 기반한 디지털 자산시장의 인프라를 선점하기 위해 치열하게 경쟁 중이다. 여기에서 누가 앞설 것인가? 미래 디지털 경제의 리더 자리를 우리나라도 넘볼 수 있을까?

2장

아날로그 머니에서
디지털 머니로

암호화폐와 블록체인

암호화폐 전성시대

1915년, 러시아 화가 카지미르 말레비치는 까맣게 칠한 사각형을 하얀 액자에 넣어 전시회장에 걸었다. 작품의 제목은 〈검은 사각형〉. 관람객들은 어이없어 했다. '이것이 미술 작품이란 말인가?' 제목 그대로 까만 사각형이 전부였기 때문이다. 말레비치는 작품을 전시회장의 벽과 벽이 만나는 모서리 상단에 걸었는데, 그곳은 전통적으로 러시아에서 이콘^{icon}(성화聖畵)이 걸리는 자리였다. 회화는 사물의 재현이라는 전통에 도전한다는 의미였다. 〈검은 사각형〉은 회화를 어디까지 단순화할 수 있는지, 다시 말해 회화의 절대적인 경계는 어디인지 밀어붙인 작품이었다. 말레비치의 회화는 '절대주의'라고 불렸으며, 미니멀리즘의 효시가 됐다.

화폐에도 절대주의를 적용할 수 있을까? 그 선을 넘으면 더 이상 화폐가 아닌, 화폐의 절대적인 경계는 어디일까? 이는 '화폐란 무엇인가'라는 질문을 다르게 표현한 것이다.

역사상 최초의 화폐라고 할 수 있는 것은 기원전 3000년경 수메르인이 사용한 '보리 화폐'다. 수메르인은 세금을 납부하거나 급여를 받을 때 특정한 크기의 그릇에 보리를 담아 주고받았다. 로마인들은 소금을 화폐로 사용했다. 군인들은 급여 일부를 소금으로 받기도 했다. 라틴어로 소금을 뜻하는 '살라리움 salarium'에서 소금의 영어 단어 '솔트salt'와 급여를 뜻하는 영어 단어 '샐러리salary'가 나왔다. 화폐는 처음에 일상의 유용한 물건 중 하나였다. 그러나 화폐는 일상적 유용함을 벗어나 교환의 매개 역할만을 하는 물건으로 나아갔다. 주화와 지폐로 말이다. 남태평양 야프섬에서는 '라이'라고 부르는 돌 화폐를 사용했는데, 이 돌 화폐는 때로 성인의 키보다도 큰 둥근 돌덩어리로, 이것을 직접 주고받을 수는 없었다. 주민들은 라이를 마을 공터에 세워놓고 소유권의 변동 내역만 표면에 새겼다. '김 씨가 이 돈을 이 씨에게 넘기고 대신 소 한 마리를 받았다'는 식이다. 이처럼 화폐의 본질은 '이것을 교환의 매개로 삼기로 하자'는 '사회적 합의'다. 사회적 합의를 따른다는 신뢰만 있다면 형태는 다양할 수 있다. 그렇지만 그 형태가 사회적 합의의 원활한 이행에 도움이 되어야 한다. 가령 쉽게 녹는 얼음덩어리나 구하기 어려운 다이아몬드는 교환의 매개로 삼기 어려워 화폐로는 부적합하다.

디지털 화폐는 어떠한가? 사물의 가치 및 지불·결제 관계를 정확히 표시할 수 있다면, 만지거나 냄새를 맡을 수 없는 전자 신호라도 화폐가 될 수 있다. 이미 우리는 대부분의 화폐를 디지털 형태로 사용하고 있다. 다만 우리가 사용하는 디지털 화폐는 은행과 금융기관이라는 중개자에 의해 신뢰가 보장된다. 디지털 경제 시대에는 거래할 때 전보다 더 이 중개자의 존재가 절대적이다. 슈퍼마켓에서 과자 한 개를 사려고 지갑에서 1,000원을 꺼내 주인에게 주면, 나와 슈퍼마켓 주인 사이에 일대일로 거래가 이뤄진다. 그러나 내가 슈퍼마켓에서 카드나 '페이'를 사용해서 물건을 사면, 나와 슈퍼마켓 주인 사이에 카드사, 은행, 핀테크 기업 등 제3자가 항상 낀다. 나의 경제활동이 일거수일투족 중개자의 데이터베이스에 기록되는 거라고 생각하면 찜찜하지만, 편리함을 위해 감수한다. 지금까지는 이 방식을 화폐가 발전할 수 있는 절대적 경계라고 여겼다. 그러나 디지털 화폐를 사용하면서도 나와 상대방 사이에 어떤 중개자도 두지 않을 수 있다면, 그것은 화폐의 절대적 경계를 새로 긋는 것이다. 기존 화폐의 경계를 넘어 새로운 경계선을 만든 화폐, 그

것이 비트코인이었다.

앞서 말했듯이 2008년 말, 자신을 사토시 나카모토라고 밝힌 누군가가 〈비트코인: 개인 간 전자화폐 시스템〉이라는 제목의 9페이지짜리 논문을 수백 명에게 이메일로 보냈다. 메일을 받은 사람은 공학자와 컴퓨터 프로그래머와 암호학 전문가 및 이 분야에 관심이 있는 아마추어들이었다. 이들 가운데 논문에 관심을 가진 사람은 적었다. 그러거나 말거나, 2009년 1월 사토시는 비트코인 발행 프로그램을 오픈 소스로 공개하면서 직접 비트코인을 '채굴'하기 시작했다.

사람들의 무관심 속에서 그는 일주일간 약 4만 3,000개의 비트코인을 만들었고 그 사실을 다시 메일로 많은 사람들에게 알렸다. 관심을 가진 암호학자 할 피니가 사토시 나카모토에게 답장을 하자, 사토시는 테스트 삼아 할 피니에게 10비트코인을 전송했다. 역사상 최초의 비트코인 전송이었다. '제네시스 블록'이라고도 하는 첫 번째 블록을 사토시가 만들었고, 할 피니는 70번째 블록을 만들었다. 할 피니는 사토시에 이어 두 번째로 비트코인을 채굴했다.

사토시 나가모토의 정체를 많은 사람이 궁금해했고 실제로 추적해본 사람도 많았지만, 지금까지 그의 정체에 대해 밝혀진 바는 거의 없다. 컴퓨터 알고리즘, 수학, 암호학의 학문적 배경을 가진 인물로 추정될 뿐이다. 그런 가운데 2010년 5월 22일,

비트코인은 처음으로 실제 거래의 지급수단으로 사용되었다. 그보다 나흘 전 미국 플로리다주 잭슨빌에서 한 이용자가 라지 피자 두 판을 1만 비트코인에 사겠다고 온라인에 제안했고, 이날 실제 거래가 성사되었다. 당시 라지 피자 두 판은 약 30달러였고, 1만 비트코인은 40달러 남짓했다. 1비트코인이 0.4센트, 우리 돈으로 4원쯤 했던 것이다. 2019년 12월 현재, 1비트코인은 850만 원을 오르내리고 있다. 지금 비트코인 시세라면 피자 한 판 가격은 약 425억 원이다. 암호화폐, 블록체인 이상주의자들은 5월 22일을 '피자 데이'로 기념한다.

비트코인이 아직 컴퓨터광들의 장난감 정도로 여겨질 때, 그 가능성에 주목한 곳이 '다크 웹'이다. 다크 웹이란 마약, 탈세, 무기 거래 등 '어둠의 거래'가 이루어지는 온라인 공간을 가리킨다. 비트코인 시스템에서 송금이 암호화한 익명의 주소로 이뤄진다는 점에, 불법적 지불 거래를 원하는 이들이 눈독을 들였다. 하지만 비트코인에 대한 관심은 조금씩 확대되었는데, 2013년 키프로스공화국에서 일어난 금융 위기가 비트코인에 대한 사람들의 관심을 크게 높였다. 키프로스 정부는 금융 위기를 맞아 뱅크런(예금 대량 인출)을 우려해 국민의 계좌를 동결해버렸다. 국민들은 돈을 찾지 못해 생필품조차 사지 못하는 어려움을 겪었다. 정부와 중앙은행이 관리하는 화폐 시스템은 언제든지 위로부터 억압적으로 통제될 수 있음을 많은 사람들이 확인했다. 그런데 중앙 관리자 없이 순수하게 P2P로 주고받는 디지털 화폐가 있다고? 비트코인? 사람들의 주목을 받으면서 비트코인의 가치도 솟구쳤다.

비트코인 이전에도 탈중앙적 전자화폐 시스템을 구축하려는 시도는 많았다. '사이퍼펑크'라고 불리는 테크노 자유주의자들은 국가로부터 개인의 경제활동이 감시받지 않는 대안적 화폐를 만들고자 했다. 그때까지의 암호화 기술이 동원되어 몇 번의 실험적 전자화폐가 출현했다. 그러나 이중지불을 방지하면서 동시에 중개자에게 의존하지 않는 방법을 찾기란 쉽지 않았다. 보안성을 높이려면 탈중앙성을 포기해야 하고, 탈중앙성을 높이려면 보안성과 효율성이 떨어졌던 것이다. 사토시 나카모토는 기술적 돌파구를 찾았다. 그는 비트코인을 제안한 논문에서 "기존의 디지털 서명 기술*은 이중지불을 막는 방법을 부분적으로 제공해 주지만, 여전히 '믿을 수 있는 제3자'**에게 이중지불 방지 역할을 맡긴다면 전자화폐가 가진 중요한 장점들은 사라지고 만다"면서, "P2P 네트워크를 이용하여 이중지불 문제를 해결하는 방법"을 찾았다고 밝혔다. 그 방법이란 블록체인 기술을 혁신적으로 응용하는 거였다. 블록체인을 이용하면 단일 중앙 관리자

---

* 금융 데이터 보안 기술.
** 중앙은행, 금융기관.

를 두지 않고도 온라인 재산 거래에서 이중지불을 방지하고 거래에 신뢰를 보증할 수 있다.

블록체인을 사토시 나카모토가 만든 것은 아니다. 사토시는 자신의 논문에서 스튜어트 하버와 W. 스콧 스토어네타의 연구를 언급함으로써 블록체인의 아이디어가 어디에서 왔는지 밝혔다. 1991년 하버와 스토어네타는 디지털 문서 공증 시스템을 만들었다. 이 시스템은 계약 문서를 보관할 때 별도의 공증인이 없어도 문서의 진본성을 신뢰할 수 있도록, 각 문서의 타임 스탬프를 암호화하여 뒤에 오는 문서에 연결하는 방식이었다. 하버와 스토어네타는 이 기술을 '타임스탬프 보관timestamping server'이라고 불렀다. 이 기술은 이후 데이터 관리 기술로 진화했다.

사토시가 독창적으로 응용한 블록체인은 하나의 기술이 아니라 데이터 암호화 기술, 암호화된 데이터의 분산 저장 기술, 시스템 운영에 관한 참여자 합의 구현 기술 등을 망라한 기술 체계다. 비트코인이 주목받으며 마치 비트코인이 곧 블록체인인 것처럼 알려지기도 했지만, 비트코인은 블록체인이라는 나무에 열린 과실 가운데 먼저 빛을 본 과실일 뿐이다. 블록체인은 암호토큰은 물론 부동산, 지하자원, 지적재산권 등 다양한 중요 자산들을 중앙 관리자 없이 안전하게 관리하고 글로벌 차원에서 유통할 수 있는 시스템이다. 2015년 세계경제포럼WEF에

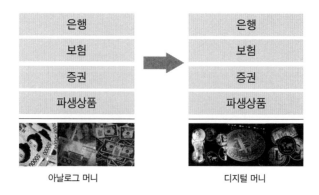

은행		은행
보험		보험
증권		증권
파생상품		파생상품

아날로그 머니 　　　　　　　　디지털 머니

● 아날로그 화폐 기반 경제는 디지털 화폐 기반 경제로 전환하고 있다.

서는, 2025년까지 세계 총생산의 10퍼센트가 블록체인에 저장
되고 블록체인 플랫폼 안에서 거래가 이루어지리라는 예측이
제시되었다.

　그렇다면 블록체인 시스템을 이용해 만든 비트코인은 무엇
인가? 비트코인은 역사상 최초로 등장한 진정한 글로벌 화폐
다. 비트코인은 국경에 갇히지 않고 인터넷을 타고 그 어디든
흘러갈 수 있고, 또 흘러올 수 있다. 비트코인의 글로벌한 성격
은 국제 기축통화로 사용되는 달러나 유로화와도 다르다. 달러
는 미국의 일국 화폐이고 유로화는 유럽연합의 지역 화폐이나,
미국과 유럽연합이 가진 경제 권력의 뒷받침으로 글로벌 차원
에서 유통되는 것이다. 하지만 비트코인은 애초에 특정한 나라
나 지역에 얽매이지 않고 지구 전체를 하나의 네트워크로 삼아

움직이는 화폐다.

블록체인 기반 디지털 화폐는 본질적으로 글로벌하고, 탈중앙적이고, 대안적이다. 이러한 속성을 지닌 암호화폐를 기반으로 암호화폐 경제 또는 새로운 디지털 경제가 만들어지고 있다. 아날로그 화폐에 기반을 두고 세워진 경제 전반이 새로운 디지털 화폐, 즉 암호화폐 위에 다시 세워지고 있다.

블록체인, 무엇인가?

겨울날 거리에 갑자기 낙엽이 솟구친다. 낙엽은 위아래로 춤추기도 하고 제자리를 맴돌기도 한다. 낙엽 스스로 의지가 있어 움직인 것인가? 낙엽을 움직인 것은 공기의 흐름, 곧 바람이다. 낙엽과 바람의 관계가 의미하는 본질적인 부분은 어떤 현상에서나 동일하다고 할 수 있다. 현상은 여러 사회적 요소들의 총체적 관계와 운동 속에서 이해해야 한다. 화폐도 마찬가지다. 화폐는 그 자체로 의미를 가지는 게 아니라 화폐 시스템, 경제 시스템 속에서 의미가 있다.

우리는 대한민국 원화를 사용한다. 그 말은 우리가 중앙집중형 원화 시스템 속에 산다는 말이다. 원화는 법으로 지위가 보장된 중앙은행에 의해 발행, 유통, 관리되기 때문이다. 이 시스템은 매우 강력해서 경제 행위자들의 경제적 선택과 사고 체계

전반에 막대한 영향을 미친다. 그래서 우리는 한낱 종이에 불과한 지폐를 내밀고도 과자 한 봉지나 최신 휴대폰을 얻을 수 있다고 믿는다. 비트코인은 온라인에 존재하는 탈중앙 화폐 시스템이다. 물론 비트코인은 원화 시스템에 비해 화폐의 기능을 충분히 갖고 있지 못하다. 정확히 말하자면 비트코인은 탈중앙적 지급 결제 시스템이라고 부르는 게 맞겠다. 여하튼, 탈중앙 화폐 시스템이든 지급 결제 시스템이든 이를 가능하게 하는 기반 기술인 블록체인에 대해 알아보자.

블록체인은 데이터 분산 관리 기술이다. 그런데 이 정의는 기술의 목적을 말하는 것이지 작동 원리를 말하는 것은 아니다. 작동 원리를 이해하려면 블록체인을 블록체인 시스템 속에서 이해해야 한다. 블록체인은 일정한 양의 트랜잭션 데이터들을 모은 장부(블록block)를 사슬처럼 연결한 것(체인chain)이다. 트랜잭션이란 주문, 거래, 계약 등의 기록 요청이다. "나 기안은 너 나래에게 0.01비트코인을 전송한다"는 한 개의 트랜잭션이다. 이러한 트랜잭션이 일정한 양이 모이면 그 장부를 봉인하여 새 블록으로 만들고, 앞서 만든 블록체인에 연결한다. 그래서 블록체인은 꾸준히 늘어나게 되어 있다. 한편 블록체인 시스템은 이 각각의 블록체인을 관리하는 여러 관리자(노드node)들의 네트워크다. 관리자는 곧 관리자 컴퓨터다. 이 시스템의 가장 중요한 원칙은 모든 관리자들이 가지고 있는 블록의 데이터 내용이 일치해야 한다는 점이다. 새 블록을 어떤 관리자가 만들든 결과적으로 모든 관리자가 가진 장부는 일치하므로 데이터를 신뢰할 수 있다.

블록체인에서 보안성을 확보하는 방법 1단계는 데이터를 해시hash*로 바꾸어 그것을 고리로 블록들을 연결하는 것이다. 각각의 데이터 장부를 봉인해 블록으로 만들 때 바로 앞 장부 내용의 암호화된 값인 해시를 섞어 넣는다. 해시는 숫자와 문자가 뒤섞여 의미 없어 보이는 긴 문장이다. 어떤 데이터를 해시로 만들면, 그 해시를 가지고 원래 데이터를 알아내는 것은 거의 불가능하다. 예를 들어 748f27a0e3f2367531227f0d162868ce13dcfba2 같은 문장이 해시다. 이 문장은 인터넷에서 찾을 수 있는 해시함수 변환기에 영화 〈어벤져스: 엔드 게임〉 대사인 "나는 너를 3,000만큼 사랑해"를 넣어 얻은 해시값이다. 그러나 저 해시를 변환기에 넣어도 같은 대사가 나오지 않는다.

블록들이 만들어진 시간 순서에 따라 '⋯-199-200-201-202-⋯'로 이어져 있다고 하자. 202번 블록에는 201번 장부를 암호화한 해시가, 201번 블록에는 200번 장부를 암호화한 해시가 섞여 있다. 만약 201번 블록의 봉인을 풀어 장부에 기록된

---

* 데이터를 해시 함수를 이용해 변환한 값을 '해시값'이라고 한다. 해시값은 그 데이터의 고유한 지문이라고 할 수 있다. 여기에선 독자의 편의를 위해 간단히 '해시'라고 부른다.

데이터를 바꾸면, 201번 장부의 암호 값인 해시가 바뀐다. 그러면 202번 블록을 만들 때 섞어 넣어둔 201번의 해시와 차이가 발생한다. 차이가 생기면 블록 간 사슬은 끊어진다. 개별 장부 내용을 변조하면 블록 사이의 고리가 끊어지기에 위변조 시도를 즉각 파악할 수 있다.

다음으로, 이어붙인 데이터 장부, 즉 블록체인을 한 사람이 아닌 다수의 관리자가 복사해서 하나씩 관리한다. 데이터를 기록해달라는 새 트랜잭션이 시스템에 들어오면, 이 트랜잭션은 네트워크를 타고 시스템 전체에 전파되어 모든 관리자들이 데이터를 받는다. 관리자들은 받은 데이터를 자기 장부에 기록한다. 이 장부는 203번 블록이 될 가능성이 있는 후보다. 어떤 관리자가 최종 블록 생성권을 가질지는 블록체인 시스템마다 합의하는 방식이 다 다르다. 비트코인 시스템에서는 '작업 증명'이란 방식으로 블록 생성권자를 확정한다. 블록 생성권자가 된 관리자는 자기가 만든 데이터 장부를 봉인해 블록을 만들어 시스템 내 모든 관리자에게 전송하고, 각 관리자들은 블록 생성권자가 보내온 블록이 제대로 만들어졌는지 확인한다. 확인한 후 문제가 없으면 그 블록을 자기의 블록체인에 이어 붙인다. 이것이 블록체인의 보안성을 확보하는 방법 2단계다.

이해하기 쉽게 쓰려고 마치 인간 관리자가 구체적인 의사를 가지고 이 모든 과정을 수행하는 것처럼 썼지만, 실은 이 과정을 수행하는 것은 컴퓨터들이다. 블록체인 시스템은 이 모든 것이 자동적으로 처리되는 거대한 분산 컴퓨팅이다. 데이터 장부 기록, 블록 생성권 부여, 블록 생성, 블록의 분산 공유 모두가 합의된 규칙에 따라 엄청난 속도로 일어난다. 블록체인 기술이라고 하면 이 모든 과정을 포함한다.

블록체인 기술을 데이터 분산 관리 기술이라고 했는데, 왜 '데이터 탈중앙 관리 기술'이라고 하지 않는가? 블록체인이라고 하면 '탈중앙화'와 긴밀하게 관련이 있을 것 같은데 말이다. '분산'은 단일 관리자가 아닌 여러 관리자가 데이터를 관리한다는 의미다. 그런데 관리자가 여럿이라도 특정 관리자의 권한이 강하고, 다른 관리자들은 그 관리자의 지시를 받을 수도 있다. 조선시대에 실록을 보관했던 사고史庫를 생각하면 된다.

조선시대에는 왕의 언행 및 조정과 국가의 특이 사항을 기록한 실록을 전국 여러 사고에 분산해 보관했다. 사고는 조선 전기에 전국 네 군데에 지어졌고, 임진왜란으로 사고 세 군데가 불타버리자 다시 지어, 조선 후기에는 전국 다섯 군데에 사고가 있었다. 한편 사고는 분산되어 있었지만 사고의 관리는 철저히 중앙정부의 지휘에 종속되어 있었다. 분산이기는 하나 분권이라고는 하기 힘들었다.

디지털 시대에도 데이터 분산 관리의 예는 흔하다. 중앙 관리 부서가 데이터 센터를 여럿 두고 서버를 분산해 관리하고는 하는데, 마찬가지로 분산형이지만 분권형은 아닌 것이다.

데이터 중앙 집권과 분산 관리가 병존할 수 있다는 것은 블록체인을 이해할 때에도 유의해야 할 부분이다. 블록체인은 기본적으로 데이터를 분산 관리하는 시스템이다. 여기에서의 분산은 다수의 데이터가 물리적으로 분산되어 있다는 뜻이다. 이들 각각은 독립적일 수도 있고 특정인에게 모두 종속될 수도 있다. 관리자 숫자가 1만을 넘고 이들이 전 세계에 흩어져 있다면 충분히 분산적이다. 그러나 그중 하나의 관리자가 관리 권한의 70퍼센트를 행사한다거나, 90퍼센트의 관리자가 한 기업의 통제를 받는다면 분권적이라고 하기는 어렵다.

_《블록체인, 플랫폼 혁명을 꿈꾸다》(이차웅)

IMF에서 이코노미스트로 일한 이차웅은 "블록체인의 분산형 데이터 관리 구조는 탈중앙화된 데이터 관리를 자동으로 보장하지 못한다"고 한다. 그렇다면 탈중앙형이란 무엇인가? 시스템 관리가 분산적이면서 개방적이고, 관리자 권한이 독립적이고 분권적이며 동등하다는 것을 의미한다. 블록체인은 그 개념상 단일 관리자가 아닌 복수의 관리자를 두므로 분산형인 건 분명하다. 그러나 관리자들의 권한이 얼마나 분권적이고 개방적인지는 블록체인 기술을 적용하는 방식마다 다르다. 개념을

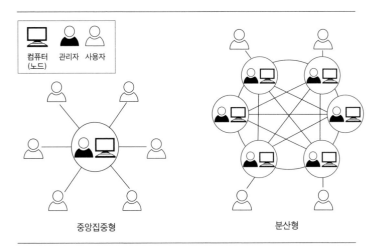

● 데이터 분산 관리 구조와 중앙집중형 관리 구조의 차이.

정확히 정의하기 위해 최소한의 규정만 한 것이 데이터 분산 관리 기술인 것이다.

블록체인, 탈중앙화라는 이상

회사에서 부서 수련회라도 가면 가장 고생하는 사람이 회비를 관리하는 총무다. 참가자들이 먹고 마실 것들을 미리 장을 봐서 준비해야 하고, 구급약부터 참가자 선물까지 온갖 자잘한 지출을 관리해야 한다. 참가자들이 마음껏 술도 마시고 즐기는 동안 총무는 하나부터 열까지 행사 운영에 신경을 써야 한다. 총무는 수련회 참여자이지만 동시에 관리자이기도 하다. 하지만 모든 수련회 참여자가 관리자는 아니다. 이처럼 블록체인 시스템의 참여자도 시스템의 관리자와 시스템의 사용자로 나뉜다. 관리자는 데이터를 장부에 기록하고 블록을 만들어 보관하는 역할을 한다. 사용자는 블록체인 시스템에 데이터 기록을 요청하는 등 시스템을 이용하기 위해 접속하는 사람이다. 블록체인 시스템의 관리자는 기본적으로 사용자이지만, 시스템의 사용자가 곧 관리자는 아니다.

블록체인 시스템은 크게 개방형public과 폐쇄형private으로 구분된다. 블록체인 시스템에 누구나 접속해서 사용 가능하면 개방형이다. 그와 달리 폐쇄형은 시스템 사용자를 일정한 자격으로 제한한다. 한편 개방형 시스템에서는 사용자가 원하면 별도의 인가 없이도 관리자가 될 수 있어 비제약형permissionless 블록체인이라고도 한다.

대표적인 암호화폐 비트코인, 이더리움 등은 개방형 (비제약형) 블록체인 시스템이다. 누구나 사용자가 될 수 있으므로 개방형이며, 원한다면 누구나 관리자가 될 수 있기에 비제약형이다. 물론 관리자가 되는 데는 연산 능력이 뛰어난 컴퓨터 장비를 갖추거나 해당 시스템에서 발행한 암호화폐를 다량 보유해야 하는 등 비용이 든다. 그러나 비용을 감수할 의사만 있으면 관리자가 되는 것에 다른 자격 조건은 없다.

그에 비해 IBM의 하이퍼레저^{Hyperledger}나 R3CEV의 코다^{Corda} 같은 플랫폼은 관리자가 자격을 부여한 이들만 시스템을 사용할 수 있는 폐쇄형 (제약형^{permissioned}) 블록체인 또는 분산 원장 시스템이다. 특히 R3CEV의 코다는 국가 간 은행 송금을 위해 만든 플랫폼으로, 주로 은행이 시스템 관리자가 된다. 관리자가 은행의 사용자를 정의하고, 그들만 사용할 수 있도록 제한해놓은 폐쇄형 시스템이자 제약형 시스템인 것이다. 이러한 시스템은 주로 기업 내부에서만 사용하거나 한정된 기업들끼리 사용한다. 공동의 목적을 가진 몇몇 기업이나 기관만 참여하기로 합의한 시스템이기에 때로 컨소시엄^{consortium} 블록체인이라고 부르기도 한다.

이렇게 보면 블록체인 시스템이라고 모두 탈중앙적이라고 할 수 없다. 탈중앙성이 블록체인의 이상이기는 하다. 하지만 시스템이 모든 사용자에게 개방되고, 관리자 참여에 제약이 없어 인가가 불필요하며, 관리자들이 독립적이고 동등한 권한을 가질 때 탈중앙적 블록체인이라고 할 수 있다. 관리자 자격을 제한하거나 사용자 범위를 제약하는 블록체인은 분산형이지만 탈중앙형이라고 하기는 어렵다. 비트코인, 이더리움 등 널리 쓰이는 몇몇 블록체인 시스템은 탈중앙형에 가깝다고 하겠다. 하지만 이들 시스템에서도 소수 관리자가 아주 강력한 컴퓨팅 파워를 이용해 토큰 생성권을 월등하게 많이 차지하는 등 분권과 탈중앙의 정신이 훼손되고 있다. 중앙집중형 경제를 극복해보고자 블록체인에 주목한 사람들은 실망할 수도 있다. 일찍이 마하트마 간디는 "지구의 자원은 모든 사람의 필요를 위해서는 충분하지만 소수의 탐욕을 위해서는 부족하다"고 말했는데, 이 말이 블록체인에도 적용되는 것은 아닐까 걱정이다.

물론 탈중앙 시스템은 선이고 나머지는 악인 것은 아니다. 블록체인 시스템의 용도나 기대하는 목적에 따라 구조 형태는 조정될 수 있다. 하지만 블록체인의 이상적 목표는 아무래도 탈중앙 시스템이다. 탈중앙화할수록 시스템은 더 안전해진다. 단일장애지점 위험에서 벗어나기 때문이다. 단일장애지점 위험이란, 한 곳에 정보가 집중되어 있어서 그곳만 탈취하거나 훼손하면 전체 시스템을 붕괴시킬 수 있는 곳을 말한다. 중앙집중형에 가까울수록 단일장애지점 위험이 크고, 보안성을 높이려고 중개자의 권한을 더 강화하는 방향으로 되먹임이 일어난다. 경제가 아날로그에서 디지털로 전환되면서 점점 더 많은 자산이 디지털에서 관리되고 거래될 텐데, 중앙집중형 시스템으로는 자산 관리에 드는 비용이 계속 커질 수밖에 없다. 다수의 참여로 신뢰를 보장하여 '신뢰 비용'을 낮추는 탈중앙형 블록체인 시스템이 필요한 이유다.

중앙집중형 시스템은 일정한 구역 내에서는 효율적이다. 한국 원화 시스템은 중앙은행이라는 막강한 중앙 관리자에 의해 운영되며 한국 내에서는 매우 효율적이다. 예를 들어, 한국은행이 주도하여 관리하는 국내 은행 연결 전산망을 이용해 우리는 자기가 거래하지 않는 어느 은행이라도 돈을 보낼 수 있다. 그러나 우리나라에서 외국으로 돈을 보내기 위해서는 복잡한 절차와 긴 시간, 그리고 높은 수수료를 감수해야 한다. 즉 우리나라에서 해외로 송금할 때에는 스위프트^{SWIFT}라는 국제 송금망을 이용하는데, 이는 중개 은행을 거쳐서 해외 지급 은행으로 돈을 보내는 것으로, 최소 2~3일의 기간이 소요된다. 이렇듯 중앙집중형 시스템은 중앙 관리자의 배타성 때문에 시스템 바깥으로 거래를 확장하려고 하면 효율성이 크게 떨어진다.

이와 비교하여 블록체인 기반 송금 시스템에서는 국내 암호화폐 거래소에서 원화를 비트코인 또는 기타 암호화폐로 바꾸어 해외 어디든 암호화된 주소로 전송하고, 그 주소의 주인은 암호화폐를 해당국 암호화폐 거래소에서 해당국 화폐로 바꾸면 된다. 이 과정은 빠르면 2시간 안에 끝나고, 수수료는 기존 방식보다 최대 80퍼센트까지 저렴하다. 나아가, 탈중앙 암호화폐 시스템은 중앙집중형 은행 시스템에서는 신용 부족으로 배제된 금융 소외 계층도 네트워크 안으로 끌어들일 수 있다. 은행 계좌가 없어도 디지털 지갑만 설치하면 암호화폐를 주고받을 수 있기 때문이다.

이차웅은 블록체인이 높은 수준의 탈중앙화라는 이상을 추

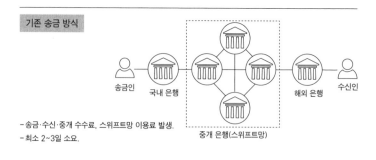

기존 송금 방식

송금인　국내 은행

중개 은행(스위프트망)

해외 은행　수신인

- 송금·수신·중개 수수료, 스위프트망 이용료 발생.
- 최소 2~3일 소요.

블록체인 거래소 방식

송금인　국내 암호화폐 거래소

해외 암호화폐 거래소　수신인

- 기존 은행 대비 수수료 50~80퍼센트 저렴.
- 최소 2시간, 최대 2일 소요.

● 해외 송금 시 기존 방식과 블록체인 거래소 방식의 차이.

진해야 한다면서, 그럴 때 블록체인이 가진 '세상을 바꾸는 일곱 가지 힘'이 발휘될 수 있다고 한다.

　그 일곱 가지 힘은 다음과 같다. 첫째, 디지털화를 이상적으로 구현한다. 둘째, 안팎으로 치열하게 경쟁하는 가운데 집단지성을 극대화한다. 셋째, 중개자 의존성을 탈피한다. 넷째, 비즈니스 자동화를 완성한다. 다섯째, 분권적이지만 여럿을 하나로 모으는 힘은 강력하다. 여섯째, 데이터에 기반을 둔 신뢰 사회를 실현한다. 일곱째, 멈추지 않는다. 일곱 중 다섯이 탈중앙화와 밀접히 관련된 만큼 탈중앙화 수준이 낮거나 아예 탈중앙화를 포기하고 다른 두 강점, 데이터 신뢰도와 시스템 안정성을 위해 블록체인 기술을 활용하는 경우에는 블록체인의 세상을 바꾸는 힘이 크게 줄어들 수밖에 없다.

《블록체인, 플랫폼 혁명을 꿈꾸다》

우리 필자들은 이 일곱 가지 힘이 블록체인의 잠재력이라는 데 100퍼센트 동의한다. 다만 우리는 이 잠재력이 발휘될 때 일어날 경제의 변화에 대해 강조하고 싶다. 그 변화란 진정한 의미의 글로벌 시장을 여는 혁명, 디지털 자산혁명이 시작된다는 것이다.

암호화폐, 디지털 경제를 재구성하다

중앙 관리자 없는 화폐는 가능하다

우리는 정부가 통제하고 은행이 관리하는 법정화폐 시스템에 워낙 익숙하다. 그래서 은행과 별도로 화폐를 만든다는 발상이 이상할 수 있다. 2017년 12월 jtbc 뉴스룸의 '가상화폐, 신세계 인가 신기루인가' 생방송 토론회에서 유시민 작가와 카이스트 KAIST 정재승 박사가 가상화폐(암호화폐) 허용 찬반을 놓고 맞붙었을 때 유시민 작가는 "통화는 국가가 관리해야 한다. 화폐 발행권을 분산하면 좋다는 생각은 아무 근거가 없다"며 암호화폐 규제를 강력히 주장했다. 반면 정재승 박사는 "제 생각은 다르다. 반드시 국가가 관리할 필요는 없다. 화폐를 찍고 관리하는

데 필요한 신뢰는 기술로 보장할 수 있다"며 발상의 전환을 촉구했다.

토론회를 본 시청자들은 익숙하지 않은 정재승 박사의 발상보다는 아무래도 오랜 '상식'에 부합하는 유시민 작가의 제안에 공감하는 분위기였다. 하지만 유시민 작가의 발상이 역사상 언제나 상식이었던 것은 아니다.

19세기 중엽 미국에서는 법정화폐 외에도 9,000종 가까운 민간 화폐가 통용되었다. 민간 화폐는 주로 지역 은행이 만들어 유통시켰는데, 개인 상점 등에서 만든 화폐도 여럿이었다. 이 가운데 상당수는 액면가를 보증하지 못하면서 휴지 조각이 되었다. 그럼에도 연방정부의 공식 화폐가 원활히 유통되지 못했던 많은 변방 지역에서는 민간 화폐가 법정화폐의 역할을 동등하게 해냈다. 남북전쟁이 벌어지자 연방정부는 '그린백 greenbacks'이라고 불린 정부 화폐를 강제로 유통시켜 물자를 동원했다. 강제 유통된 그린백은 수많은 민간 화폐를 시장에서 밀어냈고, 이후에는 그린백을 대체한 중앙은행 화폐가 유일한 화폐의 지위를 차지했다. '통화의 관리 주체는 국가'라는 유시민 작가의 주장은 당위적인 규범이 아니라 국가가 중앙집중형 화폐 시스템을 밀어붙이며 민간 화폐를 몰아내면서 생긴 결과일 뿐이다.

한 국가가 동일한 법정화폐를 사용하면 경제가 통합되고 교류 범위가 확대되니 장점은 명백하다. 하지만 이러한 중앙집중형 화폐 시스템이 늘 안정과 효율성을 제공한다는 믿음은 일종의 신화다. 정부는 외국에 진 빚을 갚기 위해서 또는 정치적인 목적으로 돈을 찍어내고 싶은 욕구를 가질 수 있다. 하지만 만약 정부가 임의로 화폐 발행량을 과다하게 늘리면 인플레이션이 일어난다. 인플레이션은 자산 소유자의 자산 가치를 높여 그들에겐 이익을 주는 반면 현금 소득으로 생활하는 중산층과 서민들에게는 큰 타격을 준다.

반대로 경제공황기에는 법정화폐가 유통되지 않으면서 사람과 자원은 존재하는데 돈이 돌지 않아 생산과 소비가 멈춰버리는 불합리한 상황이 벌어진다. 1930년대 세계 대공황이 일어났을 때 유럽의 여러 도시들은 심각한 화폐 부족에 시달렸다. 이에 대한 대응으로 지역에서 발행해 그 지역에서만 사용하는 대안화폐들이 생겨났다. 중앙은행 화폐가 빠져나간 자리를 대안화폐가 채워 지역 경제와 사람들의 삶을 유지했던 것이다. 한 가지 사례로, 이 시기 오스트리아 뷔르글시에서는 '노동증명서'라는 대안화폐가 성공적으로 유통되었다. 노동증명서는 그 사람이 제공한 노동에 대한 보상으로 지급되었는데 일반 돈과 똑같이 그것으로 시장에서 물건을 구매할 수 있었다. '노동증명서=화폐'라는 신뢰가 존재했던 것이다. 재미있는 것은 시간이 흐를수록 노동증명서의 가치가 감소하도록 시스템이 설계되었다는 점이다. 오래 갖고 있으면 그 가치가 떨어지니 사람들은 저축하는 대신 빨리 소비했고, 그 덕에 지역 경제에 활기가 생겼다. 이처럼 신뢰가 보장될 수만 있다면 민간의 대안화폐도 법정화폐와 본질적 기능에서 차이가 날 것은 없다.

한편 은행은 신용 창출이란 방법으로 화폐를 공급한다. 은행은 이윤 창출이 목적인 기업이다. 따라서 은행은 돈이 필요한 사람이 아니라 빌린 돈을 이자와 함께 갚을 수 있는 사람에게만 돈을 빌려준다. 은행은 개인의 신용을 엄격하게 따져 대출하므로 일자리가 없거나 가진 자산이 없는 사람들은 대출을 받지 못한다. 결국 가장 대출이 필요한 사람들이 대출에서 배제되면서 계속 경제적 무능력 상태에 머물게 된다.

단적으로, 전 세계 15세 이상 인구 가운데 20억 명이 은행 계좌를 가지고 있지 못한 금융 소외 계층이다. 이들은 계좌가 없어서 돈을 송금할 수도, 정상적으로는 지불을 받을 수도 없다. 이들의 처지는 연방정부의 법정화폐를 구할 수도 없는데 민간은행의 대안화폐조차 없는 19세기 미국 변방 주민들과 비슷하다. 또는 20세기 초 대공황기에 일할 의지가 있는데도 사회에 돈이 돌지 않아 일자리를 구할 수 없던 유럽의 시민들과 비슷하다. 그런데 암호화폐 네트워크는 이들을 포용할 수 있다. 비트코인의 예를 들면, 은행 신용이 없어서 계좌를 열지 못하는 이들도 비트코인 전자지갑을 휴대폰에 설치하면 장사를 하거나 노동을 제공한 대가로 비트코인을 받아 자기에게 필요한 데 쓸수 있다. 암호화폐를 통해 이들 금융 소외층이 경제 네트워크에 연결된다면 경제에도 큰 활력을 불어넣을 것이다.

정치철학자 존 롤스는 《정의론》에서 질서 정연한 사회라면 정의의 원칙들을 존중해야 한다면서, "사회의 '기본재'들은 평등하게 분배되어야 한다"고 강조했다. 기본재란 소득, 기회, 교육, 의료, 복지, 자존감 등 "합리적인 인생 계획을 세우는 사람이라면 누구나 필요한 것"들이다. 롤스는 재화의 차등 분배는 그것이 사회에서 가장 약한 계층의 여건을 비롯해 사회 전체의 복지후생을 높인다면 허용될 수 있다고 보았지만, 기본재만큼은 누구나 동등하게 보장받아야 한다고 주장했다. 그것이 정의로운 사회이기 때문이다. 시장경제 사회에서 화폐에 대한 접근권, 즉 금융 서비스의 혜택은 기본재라고 할 수 있다. 금융에서 소외되면 공정한 경쟁을 위한 발판조차 마련하기 힘들다. 그렇다면 금융 서비스를 이용할 권리는 누구나 평등하게 누려야 할 것이다. 신영복은 "땅에 넘어진 사람은 허공을 붙들고는 일어날 수 없다. 그들이 일어나려면 땅을 짚어야 한다"고 말한 바 있다. 빈곤층의 자립을 도우려면 정신적 의지만 강조할 것이 아니라 금융에 접속할 수 있는 대안적 방법을 제공해야 한다.

구체적인 예로, 전쟁이나 재해로 자신이 살던 거주 지역을 떠나온 난민에게 암호화폐가 큰 도움을 줄 수 있다. 이들 난민들은 신원이 불확실하므로 각국 은행에서 금융 계좌를 열 수 없고, 그래서 경제활동에서 소외된다. 유엔세계식량계획^{WFP}은 요르단 난민 캠프에서 2017년부터 블록체인 시스템으로 난민들을 지원하고 있다. 난민들의 생체 정보를 바탕으로 암호화폐 지갑을 부여하고, 카드나 현금을 소지할 필요 없이 홍채 인식을 통해 슈퍼마켓에서 생필품 등을 결제할 수 있게 한 것이다. 난민의 구매 내역은 이더리움을 활용한 폐쇄형 블록체인에 기록된다. 2019년 9월 기준으로 요르단에서 약 10만 6,000명의 난민이 총 6,300만 달러를 지원받았고, 난민들의 거래 횟수는 300만 건에 달한다. 은행 신용이 없는 난민들이지만 암호화폐 시스템을 이용해 물건을 구매하고 노동력을 판매할 수 있다. 그 덕분에 난민의 절박한 궁핍이 조금은 해결되고, 그들이 경제 시스템에 들어오면서 사회적 부가가치도 증대되었다.

은행 없는 은행 서비스가 가능해진다

아날로그 머니가 디지털 머니로 전환하는 시대 흐름과 함께, 앞으로 은행 서비스는 남고 은행은 사라질지 모른다는 전망도 제시된다. 이른바 '은행 없는 은행 서비스^{banking without bank}'다. 은행은 예금, 송금, 대출, 보험, 환전 등 여러 금융 서비스를 종합적으로 다루는데, 각종 핀테크 기업들이 은행의 기능들을 각각 전문적으로 특화·분화하면서 과거와 같은 종합 서비스 기관으로서의 은행은 사라질 수도 있다는 이야기다.

우리나라는 2016년 박근혜 정부의 핀테크 산업 육성 정책을 계기로 이른바 '디지털 뱅킹' 시대로 이행하기 시작했다. 정부의 지원으로 제도권 금융 외부에서 핀테크 산업이 빠르게 성장했고, 인터넷 은행, P2P 대출업, 간편 결제 및 간편 송금, 개인 자산통합관리서비스, 비금융 정보 기반 신용 평가 등으로 서비스 영역이 확장되었다. 각종 '페이' 플랫폼이 등장하고 지급 결제가 그 플랫폼 안에서 이뤄지면서, 은행은 금융 서비스 시장의 절대적 지위를 잃고 가치사슬의 상대적 지위에 놓이게 되었다. 거기에 블록체인에 기반한 암호화폐의 등장은 전통적 은행산업에 대한 위협 강도를 한층 높였다. 만약 제도권 은행 외부에서, 은행에 기대지 않고 법정화폐를 유통하는 정도를 넘어 아예 새로운 디지털 화폐를 창출한다면? 지금까지 법정화폐 시스템 위에서 운영되던 은행 서비스, 보험 서비스, 증권, 파생상품 등이 암호화폐 시스템 위에서 새롭게 구성될 수 있다.

우선 기존 은행과 구분되는 암호화폐 은행, 일명 '크립토 은행'이 등장하고 있다. 암호화폐 신산업에 친화적인 스위스가 앞장을 섰다. 2019년 8월, 암호화폐 은행인 '세바크립토'와 '시그넘'이 스위스 금융시장감독청으로부터 은행업 면허를 승인받았다. 이들 은행은 암호화폐 거래의 고객 편의성을 극대화한

'디지털 자산 거래 플랫폼'이 되려고 한다. 일단은 기관 투자자가 주요 고객이 될 것으로 예상되며, 고객은 하나의 계좌만 개설하면 그것으로 달러, 유로 등 법정화폐를 암호화폐로 쉽게 바꾸고, 암호화폐를 법정화폐로 바꿀 수도 있다. 크립토 은행들은 금융시장감독청의 규정에 따라 신원을 확인할 수 있는 고객의 암호화폐 계좌로만 암호화폐를 주고받을 수 있다. 자금세탁 방지를 위해서다.

글로벌 차원에서 암호화폐를 개인 간[P2P]에 대출해주는 서비스도 등장했다. 아르헨티나의 스타트업 '리피오'는 아르헨티나, 멕시코, 브라질에서 비트코인 지갑을 이용한 개인 간 소액 대출 서비스를 시작했다. 리피오는 2018년 암호화폐 발행[ICO]을 통해 3,700만 달러를 모아, 세계 각지의 투자자와 남아메리카의 대출자들을 연결해주는 이더리움 기반 스마트 계약 시스템을 만들었다. 베타 테스트로 800여 건의 대출을 진행해보니 대출 금액은 건당 평균 150달러 남짓이었다. 겨우 150달러 정도의 소액만 융통하면 당장의 어려움을 해결할 수 있는 사람들이 제도권 금융에서 소외된 나머지 빈곤에서 벗어나지 못하고 있음을 유추할 수 있다. 리피오에서 대출은 최대 730달러까지 가능하고, 대출자들은 최종적으로는 법정화폐로 대출금을 받는다. 다만 리피오 시스템 안에서는 RCN이라는 이더리움 기반 디지털 토큰을 사용한다. 각국 투자자들이 돈을 RCN으로 환전해 송금하면, 리피오는 대출자의 신원을 확인하고 신용 조회 기관에 수수료를 지급한 다음 RCN을 법정화폐로 바꿔 대출자에게 지급한다. 2017년 세계은행 통계에 따르면 성인 가운데 은행 거래를 하지 않는 이들이 브라질에서는 30퍼센트, 콜롬비아에서는 무려 54퍼센트나 된다. 리피오는 암호화폐 대출 서비스의 잠재적 수요가 수십만 명 이상이라고 보고 있다.

그러나 핀테크든 블록체인 기반 금융 서비스든 필연적으로 '은행의 종말'을 가져오는 것은 아니다. 제도권 은행들은 이중 지불과 해킹을 막기 위해 막대한 보안 관리 비용을 지출해야 했는데, 그 비용을 줄이기 위해서라도 블록체인 도입에 적극적인 모양새다. 속속 등장하는 새로운 디지털 금융 서비스들도 기존 은행이 사활을 걸고 서비스 혁신에 나서게 하는 자극 요인이 되고 있다. 공인인증서를 없애고 블록체인 기반 간편 인증 서비스를 제공한다든지, 은행 사이의 장벽을 넘어서는 은행 공동 인증 서비스 '뱅크사인'을 론칭한다든지 하는 시도도 그러한 맥락에서 볼 수 있다. 금융 연구자 조혜경은 "핀테크 산업과 전통적 은행산업이 전략적으로 서로 협력하면서 동시에 경쟁하는 협력형 경쟁copetition 혹은 프레너미frenemy 관계가 확산되고 있다"면서 이러한 추세는 "혁신의 패러다임과 경쟁력의 원천이 개별 기업 단위에서 연결형 분업에 기초한 복합적 생태계로 이동하고 있다는 것"을 보여준다고 한다.*

미래학자 토머스 프레이는 2015년 "2037년까지 사람들은 핀테크 기업이 제공하는 계좌로 이동하고 미국 은행은 문을 닫게 될 것"이라는, 은행 입장에서는 매우 비관적인 전망을 했다. 2025년까지 P2P 대출이 미국 은행 대출의 30퍼센트를 대체할 것이라는 예측도 있다. 그러나 은행이 디지털 혁명을 따라잡기 위해 들이는 노력 역시 만만하지 않다. 미국의 투자은행 골드만삭스는 2015년 당시 전체 직원 3만 3,000명 가운데 정규직 컴퓨터 엔지니어가 9,000명이었다. 2014년 말 비전산직 직원을 포함한 페이스북 전체 직원 수 9,200명과 비교하면, 전통 은행이 최신 디지털 정보통신ICT 기업보다도 많은 전산직 직원을 고용하고 있음을 알 수 있다. 2018년에도 골드만삭스는 전체 직원 가운데 전산직 비중을 25퍼센트로 채웠다. 은행이 사실상 핀테크 기업으로 변모하고 있는 것이다. 이에 비해 한국의 금융산업은 어떠한가?

2018년 말 현재 금융 투자업(증권사와 자산 운용사)의 총 임직원 수가 3만 8,300여 명, 그중 전산직 직원은 1,800명, 4.7퍼센트에 불과하다. 은행권 상황도 다르지 않다. 고용에서 전산직이 꾸준히 늘어 작년 역대 최고치를 기록했지만 전체 임직

---

* 〈디지털 기술혁신과 은행업의 미래〉(조혜경).

원 11만 7,000명 중 4,400명이 전산직이었고 비중은 3.8퍼센트로 금융 투자업보다 낮다. 인력 구조만으로 디지털 전환 수준을 가늠할 수는 없으나, 한국 금융산업의 경우 디지털 전환은 초입 단계에 있다고 볼 수 있다.

_〈디지털 기술혁신과 은행업의 미래〉

탈중앙 토큰경제의 등장

암호화폐의 등장과 함께 '토큰경제'라는 새로운 경제 시스템이 출현하고 있다. 토큰경제란 블록체인을 기반으로 발행한 토큰을 매개로 작동하는 경제 시스템이다. 부연하면, 블록체인 시스템 참여자들이 합의하여 암호화폐, 즉 디지털 토큰을 발행하고, 네트워크에 기여하는 행동에 토큰으로 보상해 네트워크의 지속적인 발전을 도모하는 것을 말한다. 토큰 보유자는 자기가 속한 경제 네트워크가 활발하게 돌아갈수록 가지고 있는 토큰의 가치도 올라가므로 적극적으로 네트워크에 참여할 동기를 갖는다. 이처럼 토큰경제는 토큰을 매개로 네트워크를 발전시키고, 그 참여자도 발전의 이익을 공유하는 '이익 공유 경제'다.

토큰은 화폐의 대용물로 사용되는 지급수단을 가리킨다. 우리나라에서도 1990년대까지만 해도 버스를 탈 때 토큰을 냈다. 버스 토큰은 가운데 구멍이 뚫린 동전처럼 생긴 금속 주조물이었다.* 교통카드 시스템이 도입되면서 버스 토큰은 사라졌는데, 그렇다면 왜 버스 이용에 토큰을 이용했을까? 현금을 내고 타려면 승객도 운전자도 번거롭기 때문이다. 요금에 맞춰 현금을 준비해야 하고 거스름돈을 받느라 시간도 걸린다. 버스회사 입장에서도 승객이 낸 현금을 계산하느니 수거한 토큰을 정부에 갖다주고 현금으로 일괄 정산하는 게 편하다. 그런데 더 중요한 이유는, 토큰을 사용함으로써 무임승차 또는 요금을 적게 내려는 일탈 행동을 줄일 수 있다는 것이다. 즉 토큰은 사용의 편의성에 더해 사용자의 행동을 협동적인 방향으로 유도하는 데 도움이 된다.

토큰을 이용해 행동을 교정하거나 특정 방향으로 유도하는 것은 1960년대부터 심리학, 행동경제학 분야에서 관심을 가졌던 주제다. 토큰은 행동에 대한 보상으로도, 교환을 위한 지급 수단으로도 사용 가능하다. 토큰은 아주 다양할 수 있다. 바둑알, 스티커, 스탬프 등 사람들 사이에서 그 목적에 대한 합의만 이뤄지면 무엇이든 토큰으로 사용할 수 있다. 중국집에서 고객이 자장면 한 그릇을 주문할 때마다 스티커 한 장을 주고, 스티커 30장이 모이면 탕수육을 '서비스'해준다고 할 때 이 스티커도 토큰이다. 30장이 모이면 탕수육과 교환할 수 있는 화폐로

---

* 학생들은 종이 회수권을 사용했는데, 이것도 일종의 토큰이다.

쓰이고, 탕수육을 먹기 위해 기왕이면 그 중국집의 단골이 되도록 행동을 유도한다. 통신사 포인트, 항공사 마일리지, OK캐시백 등도 일종의 토큰이다. 게임을 하다가 종종 공짜로 주어지는 '금화'나 '보석'도 토큰이다. 그것으로 게임 사용자는 아이템을 살 수 있다.

블록체인 기반 플랫폼은 자체 목적에 따라 지급수단인 디지털 토큰을 만들 수 있다. 암호화폐도 화폐라고 불리기는 하지만 암호토큰으로 부르는 게 알맞다. 디지털화된 토큰이 법정화폐와 다른 점은 첫째, 토큰의 단위를 얼마든지 잘게 나눌 수 있다. 둘째, 그 플랫폼 안에서 토큰의 기능과 사용 방법을 얼마든지 프로그램할 수 있다. 프로그램이 가능한 토큰이란 의미에서 '프로그래머블 머니'라고도 한다. 프로그램을 어떻게 하느냐에 따라 토큰은 플랫폼 안에서 지급수단이나 서비스 이용권, 또는 투표권으로 사용할 수 있다. 혹은 투자 지분을 의미하는 증권, 어음 또는 채권으로도 사용할 수 있다.

블록체인은 과거에 토큰이 갖고 있던 의미를 바꾼다. 과거 토큰의 가치나 사용 방식은 그 네트워크의 중앙 관리자가 결정하고 사용자는 이를 일방적으로 따라야 했다. 그에 반해 블록체인은 네트워크 참여자들의 합의로 이를 결정하고, 네트워크가 발전하면서 발생하는 이익도 참여자들이 공유한다. 그런데 블록체인 기반 디지털 화폐는 본질적으로 글로벌하다. 그런 점에서 토큰경제 역시 글로벌 차원에서 구상되고 운영될 수 있다.

토큰경제는 '프로그래머블 머니'의 장점을 백분 활용한다. 경제의 운영 방식, 토큰의 지급 조건이나 사용 조건을 그 경제 참여자들의 합의하에 경제 시스템에 프로그램으로 구현할 수 있다. "이러저러한 조건이 맞으면 토큰이 지급되며, 그 토큰은 이러저러한 목적으로 쓰인다"는 기대 사항을 코드, 즉 운영 규칙으로 만들어 블록체인에 올려놓으면 토큰은 반드시 그 프로그램대로 쓰인다.

이를 복지 정책에 적용시켜보자. 최근 아동수당이나 청년수당 등 현금 복지 정책이 많이 등장했다. 현금 복지는 당사자의 합리적 판단과 소비의 자율성을 존중한다는 점에서 의의가 있으나, 지원받은 수당을 도박이나 마약 구매 등 일탈 행위에 쓰는 사람이 없으리라는 법도 없다. 그렇다고 사용처를 과도하게 제약하거나 사용 내역을 보고하게 하면 정부가 너무 권위적인 태도로 국민을 대하는 것이고, 그만큼 국민들의 불만도 커질 것이다. 그런데 만약 정부가 블록체인 시스템을 이용해 '복지 토큰'을 지급하면서, 도박이나 불법 행위 등에는 사용할 수 없도록 최소한의 조건만 프로그래밍해둔다면 어떨까. 사용자의 자율성도 훼손하지 않으면서 혹시 일어날 수 있는 일탈 행위도 차단할 수 있을 것이다. 어떤 경제 시스템이든 운영하려면 상호 신뢰가 보증되어야 한다. 이를 개인 심성의 문제로 맡기거나 중앙 관리자의 감독에 맡기지 않고 기술을 통해 해결한다면, 다양한 호혜적 경제 시스템의 등장을 기대할 수 있을 것이다.

토큰경제는 이익을 공유하는 경제다

중국 전국시대에 살았던 맹자는 "활 만드는 사람은 사람이 상하지 않을까 걱정하고, 방패 만드는 사람은 사람이 상할까 걱정한다"고 했다. 활 제조업자는 활이 적을 잘 죽여야 많이 팔릴 테니 살상률을 높일 궁리를 하고, 방패 제조업자는 공격에 끄떡없는 방패여야 많이 팔릴 테니 생존율을 높일 고민을 한다. 활 제조업자와 방패 제조업자가 원래 악한 사람, 선한 사람이어서 그런 것이 아니다. 사회 시스템에서 그가 놓여 있는 위치가 그들의 생각에 심대한 영향을 미친다.

경제도 마찬가지다. 어떤 경제 시스템은 끝없는 경쟁과 함께 각자 자신의 이익만을 추구할 수밖에 없게끔 만들어져 있다. 그러나 설계하기에 따라 사람들이 서로 적극적으로 협동하고 공익의 발전에 많은 관심을 가지게끔 만들 수도 있다. 공동의 이익이 커질수록 개인의 이익도 커지도록 시스템을 설계하면 된다. 토큰경제는 바로 그러한 이상을 추구한다.

가령 야구장에 가서 좋아하는 팀을 열심히 응원하고 나니 '야구 코인'이 생긴다면 어떨까. 응원이라는 협동 행위에 야구 코인이라는 토큰이 보상으로 주어지는 것이다. 그 토큰으로 야구장에서 치킨을 사먹거나 좋아하는 선수 등번호가 새겨진 저지를 구매할 수도 있다. 그러면 사람들은 도랑 치고 가재 잡는 기분으로 팀도 응원하고 토큰도 받으려 더 자주 야구장을 찾을 것이다. 야구장과 구단의 매출이 증가할 것이고, 발생한 수익은 토큰으로 또 돌아와 야구장, 구단, 팬이 모두 기뻐한다. 응원을 열심히 하는지는 어떻게 아느냐? 센서가 부착된 응원 도구를 지급해 도구를 흔들 때마다 '응원 포인트'가 쌓이도록 하면 어떨까. 응원 포인트를 얻으려고 선수들의 플레이와 상관없이 혼자서 막 흔드는 사람도 있을 수 있다. 이것은 데이터 분석을 통해 다 같이 흔들 때에만 포인트가 쌓이도록 만들 수 있다. 일상에서 토큰경제를 구현해볼 수 있는 하나의 사례다.

미국 뉴욕주 북부에 위치한 인구 3만의 소도시 이타카에는 '이타카아워'라는 대안화폐가 있다. 이타카아워는 '1시간의 노동량은 10달러'라는 자체 규칙을 따른다. 즉 1이타카아워는 10달러이다. 직업을 구하지 못한 청년이 이웃 노인의 장보기를 1시간 돕고 1이타카아워를 받으면, 그는 이 돈으로 마을협동조합 매장에서 식료품을 살 수 있다. 이타카에는 자기 집 가까이에 친환경 방식으로 농작물을 기르는 사람들이 많아, 이들 도시 농부들이 모이는 농산물 시장에서 이타카아워가 애용된다. 이타카아워는 1991년에 환경운동가들이 만들었고, 그들이 이타카아워의 사용 현황을 점검하고 적절한 발행량을 관리해왔다. 그런데 이러한 관리가 지속적으로 이어지지 못하면서 지금의 이타카아워는 겨우 명맥만 유지하고 있다. 이타카아워의 사례는 대안적 경제 시스템의 어려움이 성실한 중앙 관리자의 부재에 의해서도 생길 수 있음을 보여준다. 어떤 시스템이든 신뢰 보장은 반드시 필요한데, 참여자들이 서로 믿기로 마음먹는다고 그것이 해결되는 것은 아니기 때문이다.

블록체인 시스템을 이용한다면 중앙 관리자를 두지 않고도, 혹은 중앙 관리자를 둘 여건이 되지 못하더라도 서로 신뢰를 보장하는 대안적 경제 시스템을 만들 수 있다. 지역 공동체의 대안화폐를 만든다고 생각해보자. 이타카아워 같은 방식으로, 가령 독거노인의 말벗이 되어드리고 집안일을 도와드리는 봉사 활동을 하면 그 시간에 따라 '나눔 코인'이라는 토큰이 적립되고, 나눔 코인으로 마을 상점에서 필요한 재화를 구매할 수 있다고 해보자. 스마트폰 앱을 통해 봉사 활동한 사람과 도움받은 사람이 간단한 인증만 하면 시스템에 프로그램된 대로 코인이 생성되어 봉사한 사람의 전자지갑으로 들어온다. 나눔 코인을 얼마나 발행하고 얼마를 소각할 것인지도 사전에 프로그램으로 설정할 수 있다. 나눔 코인 경제 시스템은 그 일을 전담하는 운영 관리자가 없어도 자동으로 돌아간다. 세계화된 경제를 보완하는 중요한 한 축이 풀뿌리 공동체 경제라고 할 때, 토큰경제에 대한 주목은 비즈니스 영역보다 어쩌면 대안화폐를 고민하는 지역 공동체 영역에서 더 많이 생겨날지도 모른다.

물론 토큰경제는 비즈니스 영역에서 새로운 기회를 연다. 자본이 부족한 스타트업도 토큰경제를 활용하면 글로벌 비즈니스 모델을 개발할 수 있다. 태양광 자원이 풍부한 남아프리카공화국에 태양광 발전 패널을 설치하여 수익을 내려는 프로젝트가 있다고 하자. 아프리카에는 태양광은 풍부하나 실제 사업을 진행할 자본이 부족하다. 자본이 부족하니 전문 인력이 있어도 그들을 모아 사업을 벌이기 힘들다. 그런데 블록체인 시스템에서는 스마트 계약 기술을 이용해 손쉽게 비즈니스 모델을 만들수 있다. 사업 제안서를 만들어 공개하고, 비트코인으로 투자금을 모으면서 투자자에게는 투자 지분을 증명하는 '솔라 토큰'을 비트코인과 정해놓은 환율에 따라 제공한다. 솔라 토큰 판매로 조성된 자금을 가지고 태양광 패널 생산 기업 및 전문 인력과 계약하여 아프리카에 태양광 패널을 설치한다. 전력을 생산해서 발생한 이익은 기업, 전문 기술 인력, 솔라 토큰 보유자가 합리적인 비율로 배분한다. 이 모든 과정은 스마트 계약을 통해 중앙 관리자 없이 자동적으로 실시된다.

토큰경제를 정치에 적용하면? 남북 관계에 블록체인과 암호 토큰을 적용할 수는 없을까? 토큰을 특정한 용도로만 사용하도록 프로그램하는 게 가능하다는 점에 주목하면 충분히 가능하다. 남북의 화해·협력을 증진하기 위해서는 경제적으로 앞선 한국이 북한에 적극 투자하고 지원할 필요가 있다. 그러나 북한에 지원된 돈과 물자가 남북이 합의한 목적이 아닌 북한 핵무기 능력 강화나 북한 지도부의 권력 강화 용도로 흘러들어갈까봐 우려하는 목소리도 크다. 블록체인을 활용한 공공 부문 혁신을 제안하는 《블록체인, 정부를 혁신하다》에서, 저자 전명산은 남북 합작 블록체인 기반 암호토큰을 개발하자고 한다. 이 방식을 이용하면 북한에 지원된 돈의 사용 내역을 투명하게 확인할 수 있고, 아예 돈 사용처를 지정할 수도 있다. 기술을 이용해 남북의 신뢰를 보장하면 협력 사업이 훨씬 원활하게 진행될 수 있다고 북한을 설득해봄직하다. 쉽지는 않겠지만 아예 불가능하지도 않을 것이다.

북한이 이런 계획에 합의한다면 우리는 개성공단과 같이 남북한이 공동 사업으로 만들어낸 부가가치가 북한의 무기 구입이나 군비 확충에 사용되지 않고 북한의 경제 발전과 민간 경제에만 사용되도록 제한할 수 있다. 블록체인 개발 문화를 따라서 이 네트워크를 작동시키는 데 필요한 소스는 모두 오픈소스로 공개해서 전 세계 누구나 검증할 수 있도록 할 수 있다. 필요하다면 블록체인 네트워크를 운영하고 관리하는 데 6자 회담에 참여하는 나라 등 이해관계가 많은 주변국들이 공동으로 참여하도록 함으로써 주변국들의 신뢰를 이끌어낼 수도 있을 것이다.

_《블록체인, 정부를 혁신하다》*

대중적인 과학자 스티븐 핑커는 '우리 본성의 선한 천사'가 존재한다고 역설하는데, 토큰경제의 바탕에 깔린 생각도 같다. 우리는 본성적으로 타인과 협동하기를 원한다. 그러나 협동이 잘 이뤄질 수 없다고 판단할수록 인간의 또 다른 본능인 이기적인 경향도 강해진다. 관건은 협동에 따른 이익이 각자에게 원활히 분배되도록, 협동으로 얻는 이익이 협동에 드는 비용보다 항상 크도록 경제 시스템을 설계하는 것이다. 블록체인과 토큰은 이 시스템의 성공을 위해 꼭 필요한 요소다.

---

* 전명산, 클라우드나인, 2019.

암호화폐 경제의 전망

페이스북의 야심과 리브라 프로젝트

비트코인 등장 이후 조금씩 다른 프로그램을 내세운 암호토큰들이 출현했다. 2019년 말, 전 세계 토큰 종류는 4,000개가 넘는다. 이는 글로벌 화폐의 필요성과 가능성에 대한 기대가 여전히 높다는 뜻이기도 하지만, 그 기대에 편승한 사기성 토큰이 그만큼 많다는 뜻이기도 하다. 전문가들은 현존하는 암호화폐의 70퍼센트는 무의미하거나 미래에 가치를 창출할 전망이 없다고 지적한다.

수많은 암호화폐가 쏟아지고 실패한 과정은 암호화폐가 현실 경제에서 자리 잡기가 그만큼 어려움을 보여주는 과정이었다. 성배를 찾으러 모험을 떠난 기사가 목적지를 앞두고 세 가지 난제에 부딪히듯, 암호화폐의 기반이 되는 블록체인도 디지털 경제의 중추가 되기 위해서는 세 가지 난제를 해결해야 한다. 높은 탈중앙화, 높은 보안성, 높은 확장성이다. 이 세 가지는 하나를 해결하면 다른 것은 더 어려워지는 관계에 있어 '트릴레마'라고도 부른다. 즉 보안성을 높이려면 시스템 진입 문턱이 높아지고, 진입 문턱이 높아지면 다수가 사용할 수 없으니 확장성이 떨어진다. 여기에 탈중앙화에 치중하면 거래 속도가 떨어지고 거래 수수료가 증가하는 등 탈중앙화를 통해 기대하는 이익이 사라진다. 하지만 탈중앙화가 안 되면 블록체인 기반 암호화폐는 법정화폐와 차이가 없다. 굳이 덜 편리한 암호화폐를 쓸 이유가 없는 것이다.

게다가 암호화폐에 대중의 관심이 몰린 것이 암호화폐의 대중화에는 도리어 악재로 작용했다. 대중의 관심은 암호화폐 가격을 급상승시켰는데, 이런 극단적인 가격 변동성 때문에 암호화폐를 화폐로 사용하기는 더 힘들어졌다. 비트코인은 2016~2017년 가격이 100배 가까이 상승했고, 2018년에는 80퍼센트나 하락했다. 자고 나면 가격이 오르내리는 화폐를 일상생활에 사용하는 것은 불가능하다. 블록체인이 데이터 위변조에서 안전하다는 믿음에도 구멍이 있다. 데이터 분산 관리 기술인 블록체인 자체는 해킹으로부터 상대적으로 안전하지만, 중앙집중형 방식으로 관리되는 암호화폐 거래소는 해킹이나 범죄에 취약하다. 거래소를 통한 거래가 대부분인 현 상황에서, 거래소가 번번이 해킹되는 마당에 블록체인이 완벽하게 안전하다고 말하기는 민망한 이유다.

2016~2017년의 전성시대가 지나고 암호화폐의 전망은 한풀 꺾이는 듯했다. 블록체인 기술을 꾸준히 발전시켜야 한다는 사람들도 암호화폐 프로젝트에는 경계심을 보였다. ICO에 몰리던 투자 금액도 확 줄었다. 그런데 2019년 암호화폐의 새로운 국면이 시작되는 것 아니냐는 기대가 피어올랐다. 비트코인이 지향한 글로벌 디지털 화폐의 지위를 노리는 새로운 암호화폐 구상이 출현했기 때문이다. 바로 페이스북이 야심차게 준비하는 암호화폐 '리브라libra'가 그 주인공이다.

"누군가에게 돈을 보내는 것이 애플리케이션이나 메신저로 사진 보내는 것만큼 쉬워야 한다." 2019년 6월, 페이스북이 리브라 프로젝트를 공개한 자리에서 페이스북 CEO 마크 저커버그가 한 말이다. 그의 말은 리브라의 핵심 내용을 보여준다. 리브라는 페이스북 계정만 있으면 세계 어디로든 돈을 보낼 수 있고, 어디서든 지불할 수 있으며, P2P 대출도 받을 수 있는 암호화폐다. 리브라는 천칭 저울을 뜻하는 라틴어로, 로마 시대에는 무게의 단위로 쓰였다. 8세기 말 신성로마제국을 세운 샤를마뉴 황제는 은 중심의 화폐제도를 만들면서 로마의 유산을 계승

한다며 은의 무게 단위로 리브라를 사용했다. 비슷한 시기 잉글랜드 왕국도 은 중심의 화폐제도를 만들고 신성로마제국의 리브라를 차용해 화폐 단위로 삼았다. 현재 영국 파운드화의 단위 £은 이런 역사에서 비롯됐다.

페이스북이 발표한 내용에 따르면 첫째, 리브라는 빠르면 2020년에 출시한다. 둘째, 리브라는 달러, 엔, 유로, 파운드 등 주요 법정화폐로 지급준비금^{reserve}을 만들고, 이와 연동하여 공급한다. 이를 통해 리브라의 가치를 안정시킨다. 셋째, 리브라는 전자지갑 '칼리브라^{calibra}'를 연결하는 시스템으로 작동되며, 칼리브라 시스템은 페이스북과 분리된다. 넷째, 최소 1,000만 달러씩 자본금을 출자한 기업 및 기관들과 리브라 협회^{association}를 구성하고, 협회 내에 블록체인에 기반한 탈중앙적 시스템을 운영한다. 다섯째, 리브라는 국제사회 및 각국의 금융 규제를 충실히 준수한다.

여기까지 보면 리브라는 누구나 사용자로 참여할 수 있으나 관리자는 엄격하게 선별된 회원으로 제한하는 개방형·제약형 블록체인이다. 즉 리브라의 탈중앙성은 리브라 협회를 구성하는 기업과 기관들 간에만 해당된다. 암호화폐의 약점인 심각한 가치 변동성 문제에 대해선 리브라는 지급준비금 방식으로 해결하겠다고 한다.

리브라, 믿을 수 있을까?

리브라의 취지를 들으면, 국가와 중앙은행의 권력으로부터 자유를 추구한 비트코인의 이상과는 멀어지는 것을 느끼게 된다. 확실히 페이스북은 비트코인의 이상주의를 좇기보다 다른 가능성을 강조한다. 페이스북은 그동안 사용자 데이터에 기반한 세계 최대의 소셜네트워크서비스 겸 광고 플랫폼으로 성장했다. 2019년 말, 페이스북 월 이용자는 24억 명에 이른다. 세계 최대의 소셜 플랫폼이 금융거래 플랫폼으로 도약하려는 중이다. 페이스북은 리브라의 사업 포부를 '전 세계적 포용 금융 프로젝트'를 지향하는 것이라고 밝혔다. 은행 계좌가 없는 지구상 수억 명의 인구와, 기술혁명 때문에 일자리를 잃었거나 불안정한 일자리에 종사하는 사람들의 금융 소외를 해결하고자 한다는 것이다. 블록체인의 이상인 탈중앙성은 사업을 진행하면서 차차 달성해가겠다고 한다.

리브라는 중국의 소셜네트워크서비스 '위챗'과 위챗에 기반한 금융 플랫폼 '위뱅크'에서 비즈니스 모델을 찾는다. 위챗·위뱅크의 이용자는 2019년에 11억 1,200만 명이며, 이용자들이 평균적으로 예치하는 금액은 약 10달러다. 이를 리브라에 단순 적용하면 240억 달러(24억 명×10달러)가 유통되는 지구적 금융 플랫폼이 탄생한다. 리브라가 법정화폐에 기반해 가치 안정성을 확보한다면 '디지털 골드'로 축장되고만 있는 비트코인을 밀어내고 새로운 글로벌 디지털 화폐로 등극할지 모른다. 앞으로 사람들은 자신의 거래 은행이 아니라 페이스북 계정에 돈을 넣어놓고 오로지 그것만으로 거래하는 세상이 올 수도 있다. 페이스북 계정에 연동된 전자지갑만 있으면 전 세계 어디를 가든 환전할 필요가 전혀 없다. 페이스북 계정을 통해 지구 반대편으로부터도 대출이나 후원을 받을 수 있다. 위뱅크의 예대율(예금액에 대한 대출액의 비율)이 70~80퍼센트인데 이를 리브라에 적용하면 적어도 168억 달러의 유동성이 증가한다.

리브라의 등장에 각국 정부는 상당한 위기감과 불편함을 느끼고 있다. 기축통화 체제에 위협을 느끼는 미국은 2019년 7월 하원 청문회를 열어 페이스북에 "위험을 충분히 소명하기 전까지 리브라 개발을 잠정 중단할 것"을 요구했다. IMF 위기를 경험한 바 있는 한국도 만일 국내 경제에 비상 상황이 올 경우 리브라가 뱅크런의 수단으로 이용돼 원화의 국외 반출 통로가 될 수 있다고 우려한다. 페이스북은 각국 금융 규제를 준수할 것이라고 다짐하지만 각국 정부 입장에서는 과연 그 말을 믿어도 될지 알 수 없다. 리브라가 각국 정부나 은행의 규제를 잘 지킨다고 하더라도 인류가 아직 글로벌 화폐를 경험한 적이 없다는 점에서 불안감은 여전히 존재한다. 페이스북은 칼리브라와 철저히 분리를 유지하겠다지만, 만일 페이스북이 리브라를 사용하는 수십 억 명의 금융 데이터와 소비 데이터를 확보하고 이를 이용하려 든다면 최악의 '빅 브러더'가 될 수도 있다. 이미 페이스북은 사용자 8,700만 명의 데이터가 유출되도록 방조하거나 최소한 제대로 막지 못한 책임이 있다. 유출된 데이터는 영국의 분석업체 '케임브리지 애널리티카'에 넘어가 2016년 도널드 트럼프 선거 캠프가 선거 전략을 짜는 재료로 사용되었다.

각국 정부가 우호적이지 않은 가운데 리브라의 정식 출현이 언제일지는 미지수다. 한편 리브라 같은 글로벌 디지털 화폐의 출현은 각국 정부가 '중앙은행 디지털 화폐Central Bank Digital Currency, CBDC' 개발에 관심을 갖게 만든다. 중국은 디지털 위안화를 곧 개발 완료할 것이라고 예고했다. 디지털 위안화는 디지털 화폐이기는 하지만 탈중앙적 성격과는 거리가 먼, 국가가 발행하고 관리하는 법정화폐이다. 그러나 항상 은행을 통해야 하는 온라인 송금과는 다른 개념이다. 디지털 위안화 시스템은 우선 사용자가 스마트폰 전자지갑에 돈을 충전해, 단말기에 가져다 대거나 QR코드를 찍는 것만으로 돈이 거래 상대방에게 이동하게 한다. 은행이나 카드회사가 중간에 끼어들 일이 없다. 현재까지 알려진 바에 의하면 디지털 위안화는 디지털 페이electronic payment 개념에 가깝다.

중국 정부는 디지털 위안화를 도입해 '현금 없는 사회'로 이행하면서 지하거래를 근절하고 과세의 투명성을 제고하며 현금 화폐 발행 비용을 절약하겠다고 한다. 그러나 이 경우에 블록체인은 보안성을 높이는 목적으로 쓰일 뿐이다. 디지털 위안화와 탈중앙 화폐 사이에는 말 그대로 만리장성이 놓여 있다. 디지털 위안화로 현금 사용이 대체되면, 중국 정부에게 국민들의 모든 거래 데이터를 한눈에 파악하고 언제든 간섭할 수 있는 길을 열어준다는 불안감도 크다. 2019년 6월 4일은 1989년 6월 4일 천안문 사태가 벌어진 지 30주년이었는데, 반정부 운동가들은 이날을 기념하는 의미에서 위챗페이로 89.64위안을 송금하자는 비밀 캠페인을 벌였다. 그러나 행동이 시작되고 얼마 안 돼 위챗페이에서 해당 금액을 송금하려고 하면 오류가 발생했고, 몇몇 반정부 운동가의 계정은 강제 폐쇄되었다. 중국 정부가 나선 것이다. 디지털 위안화는 중국의 '감시 사회주의'를 더 강화하는 도구가 될 수도 있다.

돈의 미래는 예측 불허다. 독일 은행 도이체방크는 2019년 12월에 출간한 최신 보고서 〈이매진2030〉에서 "법정화폐 시스템을 유지해온 기득권 세력의 힘은 약화되고 있으며, 2020년대 내에 해체될 수도 있다"고 말한다. 규제 장벽을 넘는다면 암호화폐의 유용성이 커져 법정화폐를 대체할 거라고도 한다. 페이스북의 리브라는 애플머니, 아마존머니, 스타벅스머니 같은 글로벌 기업화폐의 각축전을 여는 것일 수도 있다. 디지털 위안화를 시작으로 각국 정부나 중앙은행이 디지털 법정화폐를 차례로 선보여 기업화폐를 견제할지도 모른다. 그런 가운데 비트코인보다 우수한, 효율성과 확장성 그리고 탈중앙성에서 진일보한 글로벌 시민화폐가 나오지 말라는 법도 없다. 어떤 식이든, 당연하게 통용되었던 "통화는 국가가 관리하는 것"이라는 상식은 더는 당연하지 않게 될 가능성이 높다.

암호토큰, 화폐에서 자산으로 진화하다

화폐는 자산이다. 그러나 자산이 곧 화폐는 아니다. 10억 원의 현금은 자산이지만 10억 원 가치의 부동산이나 금괴는 현금처럼 쓸 수 없다. 이차웅에 따르면, 어떤 자산을 화폐라고 부를 수 있으려면 '화폐성'이 충분히 높아야 하는데, 화폐성이 높은 자산은 상대적으로 '투자성'이 약하다.* 화폐도 물론 투자 대상이 될 수 있지만 화폐의 가치가 오르면 그 화폐로 가치를 표현하는 자산의 가치는 떨어진다. 예를 들어 10억 원 가치의 부동산과 10억 원의 현금을 보유한 사람이 있다고 하자. 만약 부동산 가치가 2배 뛰는 동안 화폐 가치가 4배 뛴다면 그에겐 좋은 일일까? 그가 소유한 부동산 가치가 반 토막 나는 것이니 좋을 게 없다. 그러나 대체로 화폐의 가치는 자산 가치와 반대로 향

---

*《블록체인, 플랫폼 혁명을 꿈꾸다》.

한다. 화폐의 가치는 장기적으로 떨어지고, 자산 가치는 오르는 것이다. 즉 화폐성이 약할수록 투자성이 강하다. 사자성어로 각자무치角者無齒, 뿔이 있는 짐승이 이빨까지 날카롭기는 어렵다는 말이 있다. 복을 다 가질 수는 없다는 이야기다.

암호토큰도 마찬가지다. 일반적으로 암호토큰을 암호화폐라고도 부르지만 화폐로서의 기능을 충분히 수행하는 토큰은 거의 없다. 지급 결제에 걸리는 시간이 너무 길어서일 수도 있고, 국가의 규제가 심해서일 수도 있다. 아무튼 대부분의 암호토큰이 화폐성은 미약한 반면 투자성이 있는 경우는 제법 있다. 그 암호토큰을 사용하는 블록체인 경제 시스템이 미래에 부가가치를 창출하리라는 기대 때문일 수도 있고, 암호토큰이 반영하고 있는 실물 자산의 가치를 신뢰하기 때문일 수도 있다. 그렇다면 암호토큰도 화폐성이 높은 토큰은 암호화폐라고 부르고, 투자 자산으로서 가치가 더 큰 토큰은 암호자산이라고 부르는 게 맞다. 화폐성 높은 토큰이 별로 없다보니 암호자산으로 용어를 통일하자는 제안도 있다. 하지만 미래에는 명실상부한 암호화폐가 나올지도 아직은 모를 일이다. 그런 만큼 암호토큰, 암호화폐, 암호자산을 맥락에 따라 사용하면 될 것으로 보인다.

대표적인 암호토큰인 비트코인이나 이더리움을 예로 들자면, 지불수단의 성격이 있음에도 그 가치 상승의 기대가 커질수록 암호화폐의 역할은 줄어들고 디지털 골드, 곧 암호자산으로 자리 잡고 있다. 기술적인 면만 보면, 암호토큰은 단위를 얼마든 지 잘게 쪼개어 지불할 수 있고, 국가 간 송금도 거의 실시간에 가능하다는 점 등 우수한 화폐로 받아들여질 가능성이 분명 있 다. 그러나 적어도 현재 시점에서 암호화폐는 지불수단으로서 는 안정적인 신뢰를 얻지 못하고, 가치 저장 수단으로 받아들여 진 상태다.

암호화폐 조사업체 코인메트릭스 최고경영자 닉 카터는 비 트코인의 비전이 2014~2015년을 경과하면서 소액 지불수단에 서 '디지털 골드'로 그 비중이 높아져, 현재는 지불수단의 비전 은 거의 약화되고 자산으로서 자리매김했다고 말한다. 한편 지 하거래, 돈세탁 수단으로서의 활용도 각국 정부의 집요한 추적 감시로 매우 약화되었다고 본다. 그러면서 각국 규제 당국은 법 정통화와의 관계에서 꺼림칙했던 암호화폐를 자산으로 인정하 고 있다. G20 국가들은 2018년 12월 암호화폐 규제안 마련에 합의했다. 증권법으로 ICO를 엄격히 규제하던 미국도 암호화폐 를 제도권으로 편입하려는 움직임이 커져, 미국 증권거래위원회 SEC는 암호화폐를 디지털 자산으로 명명하고, 금융시장 규제 안 으로 끌어들이려 하고 있다. 한편 한국도 가입한 국제자금세탁 방지기구는 회원국 정부에 암호화폐를 '가상자산'으로 명명할 것과 함께, 가상자산 거래 활동 및 가상자산 서비스 제공자 Virtual Asset Service Providers, VASP 의 활동과 관련하여 자금세탁·테러 자금 조달의 위험을 방지할 수 있는 조치를 취하라고 권고하고 있다. 이 권고안은 단순한 권유가 아니라 따르지 않으면 국제 금융거래에서 해당국이 불이익을 당할 수도 있는 매우 실질적인 규범이다. 가상자산 서비스 제공자에는 암호화폐 거래소, 장외 트레이딩 업체, 커스터디(자산 수탁) 업체, ICO 대행업체 등이 모두 포함된다. 이처럼 암호화폐를 자산으로 봄에 따라, 정부는 암호화폐 거래 수익에 과세하기로 방향을 정했고, 2020년 말까지 과세 방안을 명시하는 세법 개정안을 제출할 계획이다.

암호화폐가 자산으로 인정받는다는 것은, 실물 세계의 자산이 암호화폐라는 형태로 거래될 수도 있다는 말이다. 실물 자산이 디지털 토큰이 되면 시장은 순수한 의미에서 글로벌해진다. 국경이 없는 글로벌 거래 인프라가 만들어질 수 있다. 디지털 자산시장에서 자산은 법정화폐가 가진 제약성에서 벗어난다. 환전, 해외 송금에 걸리는 시간, 거래 단위의 크기도 더 이상 문제가 되지 않는다. 자산은 얼마든지 작은 단위로 쪼개져 세계 어디로든 실시간으로 거래되고 이전될 수 있다. 이것은 세계 경제에 지금까지 없던 유동성을 공급한다. 부의 미래에 새로운 국면이 열리는 것이다.

3장

모든 자산이
디지털로 변한다

디지털 자산혁명의 세 가지 변화

기택 가족이 블록체인을 만난다면

봉준호 감독의 〈기생충〉(2019년)이 영화의 역사를 다시 썼다. 칸영화제 황금종려상을 수상하고, 국내에서 1,010만 명(2020년 2월 5일 현재)의 관객을 극장으로 끌었으며, 미국에서도 크게 흥행하더니 급기야 아카데미 작품상, 감독상, 각본상, 국제영화상을 휩쓸었다. 모든 대사가 한국어인 영화가 영화의 본고장 할리우드에서 최고의 자리에 올라선 것이다.

〈기생충〉은 실업자 기택(송강호 분)의 가족이 벤처기업 사장 동익(이선균 분) 가족의 집에 마치 기생동물처럼 들어가면서 벌어지는 이야기다. 동익네 집은 높은 언덕 위 대저택이고, 집주인이 집 구석구석에 어떤 공간이 있는지조차 다 모를 정도로 넓고 화려하다. 기택네 가족은 계단을 걸어 한참 내려와야 하는 저지대에, 그것도 반지하에 산다. 큰 비라도 오면 침수는 기본이다. 영화는 부의 심화되는 불평등 속에 벌어지는 계층 간 긴장관계를 유머러스하게 풀어낸다.

그런데 재미있는 것은 기택 가족이 가난한 이유가 결코 능력이 부족해서가 아니라는 점이다. 아들 기우는 대학에 떨어졌지만 영어 실력은 과외 교사로 인정받을 만큼 뛰어나다. 딸 기정은 동익네 막내아들의 미술교사로 채용되어 놀라운 수업 실력으로 동익 아내 연교의 마음을 사로잡는다. 기택은 경력을 속여 동익의 운전기사가 되는데 뛰어난 코너링을 선보이며 동익을 만족시키고, 기택 아내 충숙은 훌륭한 요리 솜씨로 금세 동익 가족의 인정을 받는다. 그럼 두 가족의 본질적인 차이는 무엇인가? 바로 자산의 차이다. 애초에 갖고 있는 자산이 불평등하면 기회도 불평등하게 주어진다. 자산 불평등은 능력에 따라 대우받는 '자유롭고 경쟁적인 시장'의 이상마저 훼손할 수 있는 것이다.

하지만 기택 가족이 더 나은 삶을 위해 할 수 있는 일이 정체를 숨기고 기생충처럼 동익네 집에 들어가는 것뿐일까? 적어도 앞으로는 다른 선택도 가능할 것이다. 기택 가족이 동익네 집의 일부분을 합법적으로 소유할 길이 있을지 모른다. 동익네 집이 디지털 토큰으로 유동하게 된다면 말이다. 기택 가족은 동익네 집과 같은 호화 주택이나 고급 상가 건물의 디지털 토큰을 사서, 가진 토큰의 양만큼 부동산 소유권 지분을 확보하고, 부동산 가치 상승 시 토큰을 팔아 수익을 얻거나 그 부동산의 임대 수익 또는 양도 수익 가운데 일부를 얻을 수 있을 것이다.

가령 100억 원짜리 빌딩이 100억 개의 토큰으로 전환되면, 평범한 서민 A씨도 200만 원으로 토큰 200만 개를 살 수 있다. 지금까지는 200만 원으로 100억 호가 빌딩이 거래되는 자산시장에 들어가는 것은 불가능했다. 이 빌딩에서 관리비 등을 제외하고 한 달에 순수한 임대 수익이 1억 원씩 연 12억이 발생한다면, A씨는 자신이 가진 토큰량(총 발행된 토큰의 0.02퍼센트)에 따라 연 24만 원의 배당을 받는다(이대로만 된다면 수익률이 12퍼센트이니 결코 낮지 않다). 이처럼 서민들도 고액 부동산의 일부를 가지는 세상, 공상일까? 우리 필자들은 그렇게 생각하지 않는다. 디지털 자산혁명과 함께 조만간 다가올 변화이기 때문이다.

디지털 경제는 암호화폐 전성시대를 통과해 디지털 자산의 시대로 향하고 있다. 기존의 자산 개념은 물론 자산을 소유하고 거래하는 일체의 방식이 통째로 바뀌는 중이다. 우리는 이 변화를 디지털 자산혁명이라고 부른다. '자산 토큰화'는 디지털 자산혁명의 세 가지 핵심적인 변화 가운데 하나다. 다른 둘은 '거래 자동화'와 '탈중앙 플랫폼'이다. 이 세 마리 말이 끄는 변화는 자산시장을 순수한 글로벌 시장으로 만들고 엄청난 유동성을 이끌어내 세계 경제를 발전시킬 것이다. 자산의 독점에서 자산의 공유로 경제의 성격이 바뀌어나갈 것이고, 그동안 부의 분배에서 소외되었던 많은 사람들이 새로운 부의 주체로 등장할 것이다. '블록체인과 인문경영'을 주제로 다루는 인상적인 어느 책에서는 그 미래를 다음과 같이 설득력 있게 그려낸다.

들판에 핀 꽃은 굳이 꺾지 않고 보는 것만으로도 즐겁고 행복하다. 블록체인이 만들어갈 세상도 그렇다. 자본주의 시대에는 사적 소유가 최고의 가치였다면, 블록체인 시대에는 공유 방식으로 소유의 욕망을 충족할 것이다. 바야흐로 인간의 욕망을 분할하고 소유권을 공유할 날이 도래한 것이다.

욕망은 억제되지 않고 발현된다. 누군가에 의한 과잉 억압을 걷어내기 때문이다. 욕망의 분할을 통해 평범한 사람들도 시가 수백억이 넘는 리히텐슈타인의 작품 〈행복한 눈물〉을 가질 수 있다. 피카소의 그림에 대한 소유권을 가질 수 있으며, 서울과 뉴욕 한복판의 빌딩에 대한 소유권을 살 수도 있다. 이전에는 상상할 수 없었던 일이다.

_《나도 피카소 그림을 살 수 있다》*

---

* 여현덕·이해환, 스토리아일랜드, 2019.

변화 하나, 자산의 디지털 토큰화

디지털 자산혁명에서 첫 번째 변화 내용은 '자산의 디지털 토큰화'다. 자산의 토큰화란 실물 자산의 가치를 반영한 블록체인 기반의 디지털 토큰을 발행하는 것이다. 블록체인 기반 토큰은 이중지불과 위변조의 위험으로부터 안전하고, 얼마든지 작은 가격 단위로 쪼갤 수 있으며, 시공간 제약 없이 글로벌 차원에서 거래할 수 있다.

자산을 디지털 토큰으로 바꾸는 것은 어떤 이점이 있는가? 첫째, 거래를 분할할 수 있다. 고가의 자산을 소액 토큰으로 쪼개어 거래하면 유동성을 증대할 수 있다. 둘째, 거래의 신뢰를 제고한다. 블록체인을 이용하면 데이터 위변조를 막고 이해관계자 누구나 거래 내역을 확인할 수 있어서 거래 투명성이 확보된다. 셋째, 거래 비용이 감소한다. 블록체인으로 중개자 역할을 없애거나 상당한 부분 대신하면 중개자 몫인 수수료를 최소화할 수 있다. 넷째, 거래 속도가 향상된다. 스마트 계약을 이용해 서류 작성과 확인 및 공증에 드는 시간을 단축하고, 거래와 관련된 법 규제도 블록체인에 프로그래밍하면 자동으로 준수하도록 만들 수 있다. 다섯째, 거래 범위가 글로벌 차원으로 확대된다. 블록체인 플랫폼은 국경의 제약을 넘어 지구 어디에서나 접속할 수 있다.

자산 가치를 반영한 토큰을 자산 토큰^{asset token}이라고 한다. 특히 자산의 소유권과 연동된 자산 토큰을 증권토큰^{security token}이라고 한다. 증권은 재산권이나 소유권을 나타낸 증서로, 주식, 채권, 어음 등을 포함한다. 곧 증권토큰은 그 토큰이 표시하는 자산 가치만큼의 소유권을 의미한다. 일반적인 주식이 기업의 가치를 분할해 부분적인 소유권을 표시한 것이라면, 증권토큰으로 발행할 수 있는 자산은 이론상으로는 한계가 없다. 토지, 건물, 슈퍼카, 대형 선박, 천연자원, 미술 작품, 주식, 채권, 저작권, 문화 콘텐츠, 데이터 등 자산 가치가 있는 것이라면 무엇이든 토큰으로 전환될 수 있다. 증권토큰은 자산의 부분적 소유권 외에도 수익 배당권, 투자와 관련된 주요 의사결정에 참여할 투표권 등을 의미하도록 만들 수도 있다.

자산에 근거해서 증권토큰을 발행하는 것을 STO라고 한다. STO는 Security Token Offering을 줄인 말이다. 증권토큰 발행, 곧 STO는 일반적인 암호화폐 발행, 즉 ICO와 차이가 있다. ICO가 토큰 이용 비즈니스의 미래 전망을 근거로 암호토큰을 발행한다면 STO는 부동산, 미술품, 천연자원, 채권 등 이미 자산 가치를 인정받은 실물에 근거해 토큰을 발행하는 것이므로 투자 가치가 훨씬 안정적이다. ICO로 발행하는 암호토큰은 화폐인지 자산인지부터 논란이 있고, 그러다보니 사기성 토큰 프로젝트가 많이 나올 수 있어 우리나라를 포함한 많은 국가에

	ICO(암호토큰 발행)	STO(증권토큰 발행)
토큰 종류	지급 결제 토큰, 이용권 토큰 발행	부동산·미술품·주식·채권 등 토큰화
규제 정책	기존 정책으로 관리되지 않아 일부 국가에서 허용, 대체로 불허	기존 법 규제로 토큰 발행 및 판매 관리 가능
상장	암호화폐 거래소에 상장	증권토큰 거래소에 상장
투자자 자격	누구나 투자 가능	적격 투자자만 투자 가능

● ICO와 STO의 차이.

서 강하게 규제하는 편이다. 반면 STO의 증권토큰은 애초에 투자성 자산임이 분명하므로 국가별로 자산법이나 증권법으로 규제하면서 제도권 안으로 끌어들이려는 중이다. ICO 투자는 2016~2017년 암호화폐 전성시대에 "코인 좀 하자"며 너도나도 뛰어든 것처럼 진입 장벽이 거의 없었다. 그에 반해 STO 투자는 적어도 현재 상황에서는 많은 나라에서 '적격 투자자'의 자격 요건에 어느 정도 제한을 두고 있어 진입 장벽이 상대적으로 높다.

변화 둘, 거래의 자동화

디지털 자산혁명의 두 번째 핵심적인 변화는 '자산 거래의 자동화'다. 자산 거래의 자동화는 스마트 계약이라는 혁신적인 기술에 의해 가능해진다. 기존 자산 거래 방식에는 필수적이었던 각종 중개인 또는 중간 관리자의 역할이 대폭 축소된다. 자산시장의 전 과정, 곧 자산 소유권을 판매자로부터 구매자로 이전하는 것, 소유권 지분에 따른 수익권을 행사하는 것 등이 스마트 계약에 의해 자동화된다. 지금까지 거래 당사자는 전문적인 중개인에 의존하며 거래 주도권을 가질 수 없었지만, 스마트 계약이 확대되면 중개인의 역할이 줄고 중개 수수료도 크게 줄어든다. 어쩌면 이것은 비가 하늘에서 땅으로 내리듯이 자연스러운 일이다. 거래 당사자들 사이에 제3자가 끼어야 할 필연적인 이유는 없다. 서로에 대한 신뢰를 보장할 수 없었기에 중개자가 필요했던 것인데, 신뢰를 보장하는 기술인 블록체인을 이용하면 거래는 기본적으로 당사자들이 직접 계약하는 행위가 된다.

한편 스마트 계약과 결합할 때 디지털 토큰화의 장점이 온전히 실현된다. 고액 자산을 쪼개 소액으로 거래하거나, 소액 투자자가 결합해 고액 자산에 투자하는 일은 과거에도 불가능하지는 않았다. 단순히 거래 결과만 디지털로 기록하거나, 거래 금액을 디지털 토큰으로 쪼개는 건 그렇게 어려운 일이 아니다. 그러나 자산 거래 과정은 자산 가치 평가, 소유권 이전, 계약금과 잔금의 지불, 정부 당국에 소유권 등기 등 매우 복잡한 과정이다. 따라서 고액 자산을 쪼개어 거래하면 상대적으로 거래 비용이 너무 많이 든다. 거래를 작게 분할하더라도 거래 비용이 늘어나지 않게 해야 한다. 스마트 계약으로 중개인 개입을 줄이고도 거래를 쉽게 처리할 수 있어야, 거래 비용이 줄고 디지털 토큰화의 이점이 살아난다.

단, 자산 거래에서 소유권을 등기하는 문제는 단순히 기술적인 프로세스의 일부가 아닌 해당 국가의 법제도와 관련된 것이다. 즉 우리나라에서 부동산 스마트 계약 플랫폼이 나온다고 해도, 국가의 등기 대장에 등록되지 않는 한 플랫폼 안에서 아무리 거래에 합의하더라도 소유권 이전은 확정되지 않는다. 결국 법제도의 변화가 필요하다. 장차 스마트 계약에 합법적인 소유권 등기까지 자동으로 포함되도록 법제도가 바뀐다면, 자산 거래 시장은 중개인에 대한 의존을 줄인 더 역동적인 시장으로, 그리고 더 많은 이해 당사자가 참여하는 시장으로 변화할 것이다.

이미 자산 거래의 자동화는 여기저기에서 실험되고 있다. 앞에서 본 것처럼 스웨덴은 토지 등기까지 온라인에서 원스톱으로 처리하는 시스템을 개발해 실험해보고 있다. 남미 여러 국가에서는 토지 등기 관리가 부실한 틈을 타 관료들의 부정부패가 극심한데, 미주개발은행IADB은 블록체인 기반의 토지 등기 시스템을 개발하여 이 문제를 해결하려고 하고 있다. 아랍에미리트 두바이에서는 토지 등기를 비롯한 각종 공공서비스를 블록체인으로 통합하여, 중개인을 가장해 부당 이익을 올리는 토지 브로커들의 개입을 줄여나가려고 한다.

변화 셋, 탈중앙 플랫폼

디지털 자산혁명의 세 번째 핵심 변화는 '탈중앙 글로벌 자산 거래 플랫폼'의 출현이다. 중개자에 의존하지 않는 스마트 계약, 특정 국가의 법정화폐가 아닌 글로벌 지급수단인 암호토큰 사용 등의 지원에 힘입어 탈중앙 거래 플랫폼은 말 그대로 글로벌 시장을 열게 된다.

자산을 사고파는 자산 거래 시장은 기본적으로 국가의 경계 내부에 존재했다. 물론 자산 거래 시장은 이미 상당히 개방되어 있으므로 외국인이 우리나라의 부동산을 구입하고, 한국인이 외국의 자산을 매입하는 일은 빈번하게 일어난다. 그러나 그때에도 자산이 존재하는 국가의 '국내 시장'으로 들어가야 거래에 참여할 수 있다. 본질적인 의미에서 글로벌한 거래 인프라, 즉 국가의 경계가 사라지고 세계가 하나의 시장인 인프라는 아직 제대로 존재한 적이 없는 것이다. 그에 반해 블록체인 기반 암호토큰 시스템을 통해서는 진정한 글로벌 차원의 인프라가 만들어질 수 있다.

이 글로벌 플랫폼에서는 유무형의 모든 자산이 거래된다. 유형자산, 즉 눈에 보이는 자산으로 부동산, 광물자원, 기계나 차량, 농산물, 예술 작품 등이 거래될 수 있고, 무형자산, 곧 보이지 않는 자산으로는 특허권, 지적재산권, 브랜드 가치, 음악, 콘텐츠, 데이터 등이 거래될 수 있다. 이 플랫폼에서는 더 이상 국경의 물리적 제약도, 시간의 제약도 없다. 한국에 앉아서, 아니 세계를 여행하면서 아프리카 수단에서 태양광 발전 사업에 필요한 토지를 매입하고, 바로 헝가리 부다페스트의 지하철 개발 사업에 투자할 수 있다. 디지털 증권토큰의 전망을 높이 평가한 미국 거대 증권거래소 나스닥과 뉴욕증권거래소도 적극적으로 움직이고 있다. 나스닥은 백트[Bakkt], 뉴욕증권거래소는 레이스[Reis]란 이름의 증권토큰 거래소를 설립했다.

이러한 디지털 자산시장의 개막이 가져올 변화를 정리해보자. 지금까지 고가이거나 규모가 큰 자산은 오직 소수만 거래에 참여할 기회를 가졌으며, 그 결과 자산 소유권이 부유한 소수에게만 집중되었다. 자산의 독점은 곧 사회적 자원이 효율적으로 활용되지 못하는 '시장의 실패'다. 그러나 자산이 디지털 토큰화하면 소액 거래가 가능해지고 고가 자산을 다수의 평범한 서민들도 그 일부를 소유할 수 있게 된다. 자산의 집중과 독점이 해소되며, 누구든지 자산을 배타적으로 사유화하기 힘들어진다. 이는 사실상 자산의 공동 소유 시대가 열리는 것을 의미한다. 다시 말해 자산의 성격이 소유하는 대상에서 사용하는 대상으로 바뀐다. 토지, 광물, 특허, 데이터 등 주요 자산들이 사회적 부가가치를 높이는 방향으로 생산적으로 활용될 것이다. 자산에서 발생하는 수익은 소수의 부유층이 아니라 다수의 토큰 보유자들이 나눠 가지게 된다. 자산 불평등에 따른 부의 불평등도 상당히 해소될 것이다.

고대 중국의 위인 강태공은 "천하는 한 사람의 천하가 아니라 만인의 천하다天下非一人之天下 天下之天下"라고 일갈했다. 천하는 애초 한 사람의 주인이 아니라 만인이 공유한 것이므로, 이익을 권력자 혼자 독점하지 말고 만백성과 나누라는 뜻이다. 오늘날, 정치적 권력은 어느 정도 민주화되었음에도 소유의 불평등과 독점은 심화되는 추세다. 그러나 블록체인 기술을 활용한다면 성현의 가르침을 평화적으로 실현할 수 있다. 우리에게 의지가 있다면 가치 있는 자산을 독점하고 소유하는 사회가 아닌 공유하고 활용하는 사회로 바꿀 수 있다. 활기찬 혁신과 공정한 분배가 선순환하는 민주적 토큰경제를 만들 수 있다.

자산 토큰화의 다양한 사례

〈기생충〉을 통해 상상을 펼쳐보았지만, 이는 결코 먼 미래의 일이 아니다. 지금까지라면 도심의 고급 아파트, 대형 빌딩, 펜트하우스를 평범한 직장인이 갖는 건 꿈도 못 꿀 일이었다. 하지만 디지털 토큰경제가 일반화되면 고가 부동산이 잘게 유동화되어 상시적으로 거래된다. 수백억 원 하는 고가 부동산의 토큰을 구매함으로써 평범한 직장인도 공동 소유자가 되고, 지분에 따라 임대 수익이나 양도 수익을 얻는다. 토큰을 팔면 상승한 시세에 따른 수익도 얻는다. 블록체인 기반의 글로벌한 거래 플랫폼 덕분에 한국에 앉아서 도쿄의 빌딩 100만 원어치, 미국의 호텔 200만 원어치 하는 식으로 토큰을 구입해 투자 바구니를 만들 수도 있다. 한때 소비자^{consumer}와 생산자^{producer}가 결합된 프로슈머prosumer라는 말이 유행했다. 앞으로는 소비자와 투자자investor가 결합된 인베슈머invesumer의 시대가 올 것이다.

물론 부동산 리츠 방식의 투자는 지금도 이뤄지고 있다. 여러 사람이 자금을 모아 부동산에 투자하고 그 수익을 배당받는 펀드 투자인 리츠에 소액으로 안정적인 수익을 얻기 원하는 사람들이 많이 몰린다. 하지만 투자 방식이 복잡해서 투자회사와 전문가에게 일임해야 하고, 내가 어떤 부동산에 어느 정도 소유권을 갖고 있는지 잘 알기 어려우며, 어디에 어떻게 투자할지 스스로 선택하기도 어렵다. 투자 중개자에게 주어야 하는 수수료도 적지 않다. 그런데 앞으로 블록체인 기반 플랫폼에서 토큰화된 자산을 거래하면, 개인은 투자 중개자에 의존하지 않고도 마치 홈쇼핑하듯 거래에 참여할 수 있다. 토큰의 수익을 배당받는 것은 물론 투자 관련 법규를 준수하는 일도 스마트 계약을 통해 자동적으로 처리된다.

이러한 변화는 부동산만이 아닌 모든 자산 거래에서 이뤄진다. 물론 현실은 아직 기술적으로나 제도적으로 갖춰야 할 것들이 수두룩하다. 다만 자산 토큰화의 실험적 사례들이 하나씩 출현하고 있어 주목할 만하다. 그 사례들을 살펴보자.

부동산 토큰화

2018년 10월, 미국 크라우드 펀딩 회사 인디고고는 콜로라도주 애스펀에 있는 유명한 스키 리조트 세인트 리지스 애스펀을 토큰으로 유동화했다. 토큰화한 대상은 애스펀 리조트 객실 가운데 5분의 1로, 그 가치는 1,800만 달러였다. 인디고고는 보유하고 있던 애스펀 리조트의 지분을 부동산 투자신탁회사인 애스펀 디지털을 통해 1,800만 개의 '애스펀 코인'으로 토큰화했다. 애스펀 코인 한 개의 가치는 1달러로 정했으며, 코인은 22개의 전자지갑으로 판매, 전송되었다.

애스펀 코인은 증권토큰으로, 토큰 보유자는 연 4.7퍼센트의 배당금을 이더리움으로 지급받는다. 토큰 가격이 상승하면 배당금은 변경될 것이라고 한다. 코인 가치 안정화 차원에서 투자자에게 애스펀 코인 증권을 1년간 보유할 의무가 부과되었고, 그 때문에 2019년 10월까지는 토큰 거래가 이루어지지 않았으며, 이후에는 거래소에서 거래되고 있다. 인디고고는 암호토큰 개발업체이자 스타트업인 템플럼과 협력해 애스펀 코인을 개발했다. 애스펀 코인 투자는 미국 증권거래위원회가 인정한 '적격 거래자'에게만 허용된다. 투자자는 코인을 미국 달러, 비트코인, 이더리움으로 구매할 수 있다.

싱가포르에 소재한 레이다오는 2016년에 설립된 회사로 이더리움 블록체인 시스템을 이용해 부동산을 디지털 자산화하는 일을 한다. 고객이 자신이 보유한 부동산의 소유권을 레이다오에 신탁하면, 레이다오는 부동산의 자산 가치를 평가하여 일정한 양의 증권토큰을 발행한다. 이 과정은 암호토큰 발행 회사, 디지털 자산 가치평가회사 등과의 협업을 통해 이루어진다. 토큰은 디지털 자산 거래 플랫폼에서 투자자의 국적이나 시간의 제약 없이 거래된다. 토큰 투자자는 보유한 토큰 비율에 따라 주택 임대 수익을 분배받으며, 분배는 스마트 계약을 통해 자동으로 진행된다. 한편 독일의 스타트업인 푼다멘트도 독일 연방금융감독청BaFin의 승인을 받아 유럽 내 부동산을 토큰화하겠다는 계획을 발표했다. 예상되는 토큰 발행 규모는 2억 8,000만 달러이다. 토큰 구매자는 부동산 포트폴리오 실적에 따라 매년 정기적으로 배당을 받는다.

싱가포르와 독일의 사례 외에도 미국, 영국, 스위스 등 금융 선진국에서 부동산 STO에 대한 다양한 프로젝트들이 진행되고 있다. 부동산 영역에선 이미 다양한 방식의 투자 기술이 개발되어 있어서 블록체인 기술과 결합할 때 자산 토큰화가 쉽게 이뤄질 수 있고, 기대 효과도 크기 때문이다.

그렇다면 우리나라에서는 부동산 STO가 가능한가? 현재로서는 어렵다. 주식의 경우, 우리나라 법은 권리가 표시된 형식적 요건을 갖춘 실물 증권을 발행하여 한국예탁결제원에 예탁

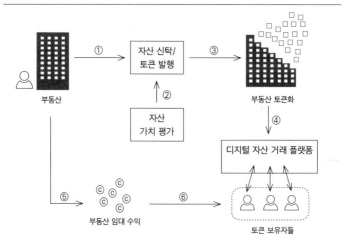

① 고객이 자기 소유 부동산의 소유권을 위탁
② 자산 가치 평가를 반영
③ 부동산의 자산 가치를 디지털 토큰으로 전환
④ 디지털 자산 거래 플랫폼에서 토큰 거래
⑤ 부동산에서 임대 수익 발생
⑥ 토큰 보유자들이 토큰 보유 비율에 따라 임대 수익 분배

● 부동산 자산의 토큰화 구조.

하고, 거래소에서는 매수·매도 계약에 따른 소유권 이전만 표시하도록 한다. 블록체인 시스템은 중앙집중형 예탁 시설과 달리 분산 방식으로 증권 소유권을 관리할 수 있지만, 블록체인 시스템을 통한 증권 발행이나 거래가 인정되려면 아무래도 법이 바뀌어야 한다. 만일 법 해석에 따라 증권토큰이 증권으로 인정되더라도 이를 상장해서 거래할 거래소가 없기 때문이다. 증권인 이상, 토큰을 거래하려면 금융위원회가 허가한 거래소

가 있어야 한다. 현재의 암호화폐 거래소가 이를 임의로 거래하면 증권법과 자본시장법 위반이다. 부동산과 관련해서는, 블록체인 플랫폼에서 토큰 거래에 합의한다고 해도 등기라는 공적 절차를 밟지 않으면 소유권이 이전되지 않는다.

이러한 상황이지만, 자산 토큰화의 비즈니스 모델을 만들어 보려는 실험적인 시도들은 이어진다. 금융위원회의 규제 샌드박스 적용 대상으로 선정된 스타트업 카사코리아의 시도에 주목해보자. 카사코리아는 하나은행, 국민은행, 한국토지신탁 등과 제휴하여 상업용 부동산의 디지털 수익증권을 거래하는 플랫폼을 개발하고 있다. 건물주가 건물 처분을 신탁회사에 신탁하면, 카사코리아는 신탁된 건물의 가치를 담보로 디지털 수익증권을 발행하고 이를 투자자에게 판매한다. 투자자들은 부동산을 처분할 때 발생하는 수익을 배당받는다. 카사코리아는 누구나 소액으로 증권토큰을 쉽게 사고팔 수 있는 거래소 개설도 준비하고 있다. 카사코리아 방식의 비즈니스 모델이 더 진화한다면, 상업용 부동산에서 아파트나 단독주택으로 토큰화 대상을 확대하고, 모기지 담보부증권MBS 등도 토큰화해 거래할 수 있을 것으로 기대된다.

디지털 자산혁명과 함께 부동산의 개념도 달라질 것이다. 예를 들어 퇴직한 실소유자가 서울에 시가 10억 원의 아파트를 갖고 있지만 연금 외에 별도의 수입이 없다고 하자. 그는 자기

집의 소유권 절반을 토큰화하여 판매함으로써 노후 자금으로 5억 원의 유동성을 확보할 수 있고, 세금도 크게 줄일 수 있다. 그가 주택을 처분하면 처분 대금의 절반만 갖게 되겠지만, 장기 거주하려고 한다면 5억 원으로 그 2배 가치의 집에서 생활할 수 있다. 이편이 집 한 채에 유동성을 묶어둔 채 자식들의 눈치를 보며 불안한 노후 생활을 하는 것보다 낫지 않겠는가? 한편 투자자들에게 자산 토큰 구매는 소액으로도 수익성이 높은 자산 투자에 참여하는 일이고, 다른 상품에 비해 안정성을 기대할 수 있다. 부동산과 블록체인의 만남은 부동산을 소유 개념에서 사용 개념으로 변화시키는 공유경제 모델을 확산할 것이다. 또한 정보 비대칭 등 부동산 시장에 지적되어온 문제를 해결해 부동산산업을 한층 혁신할 것이다.

천연자원 토큰화

사람들은 더 이상 금을 손에서 손으로 전달하지 않는다. 금은 탐욕스러운 사람들의 손에서 떠났다. 지갑, 양말, 금고 속에 있던 가정의 작은 신은 하나의 이미지로 대체됐다. 금은 자취를 감추고, 지하로 돌아갔다. 하지만 거래 과정에서 금이 보이지 않아도, 사람들은 금을 주고받는 것처럼 생각한다.

_《무엇이 가격을 결정하는가?》*

경제학자 존 메이너드 케인스는 1931년 영국이 금본위 통화체제를 폐지한 것을 이처럼 시적으로 표현했다. 금이 화폐로서의 역할을 중단하고 실제 경제에서 빠져나갔음에도, 사람들이 금에 대해 갖고 있는 이미지는 여전히 강력함을 케인스의 묘사에서 알 수 있다. 미국도 1971년에 금본위제를 폐지하여 더 이상 통화정책이 금의 보유량과 연동되어 결정되지는 않지만 그래도 각국 중앙은행은 금고에 상당량의 금을 보관하고 있다. 금은 역사상 오랫동안 일종의 세계화폐로 구실해온 데다 사람들이 금에 부여하는 보편적인 문화적 가치도 있어서, 확실한 안전자산으로 여겨지기 때문이다.

금은 블록체인의 등장 이전에도 관련 금융상품이 많이 나와 있는 대표적인 광물자원이다. 2018년 기준으로 금시장의 규모는 1조 달러에 달했다. 그러나 암호토큰과 결합하면서 금시장은 또 다르게 발전할 전망이다.

2019년 9월 암호화폐 거래소이자 스테이블 코인을 발행하는 팩소스가 금 기반 암호토큰인 '팩소스 골드'를 출시했다. 팩소스 골드는 이더리움 기반 토큰으로, 금을 비롯한 각종 실물 자산 보관회사 브링스가 런던에 보관한 금괴의 소유권을 표시한다. 팩소스 골드 토큰 1개의 가격은 금 1온스 가격에 연동된다.

---

* 마이클 마이넬리·이안 해리스, 윤태경 옮김, 21세기북스, 2012.

금을 구입하기 위해 금시장을 찾을 필요 없이 토큰 거래소에서 팩소스 골드를 구매하면 원하는 양의 금을 소유할 수 있다. 런던과 뉴욕의 특정 거래소에 가서 팩소스 골드 토큰의 보유를 인증하면 실제 금괴로도 교환할 수 있다. 팩소스 골드 토큰을 담보로 하는 대출 서비스도 출시되었다. 암호토큰 기반 대출회사인 '솔트'는 팩소스 골드 토큰을 담보로 받고 달러와 일대일로 교환되는 스테이블 코인을 대출해준다. 원그램, 골드민트 등 자신들이 보유한 금을 담보로 자산 토큰을 발행하는 기관도 생겨나고 있다. 실제 금괴는 안전하게 보관되는 가운데, 금의 가치가 '디지털 금화'로 전 세계에 유동되고 있다.

금 외에도 다이아몬드, 석탄, 석유, 기타 여러 광물의 토큰화가 시도되고 있다. 천연자원의 토큰화는 자원이 풍부한 개발도상국에 경제적 기회를 제공한다. 우즈베키스탄은 금, 철 등의 자원이 풍부하나 항구가 없어서 수출에 난항을 겪는다. 우즈베키스탄 정부는 자국 자원에 기반한 금융상품을 블록체인 시스템을 통해 개발하는 데 주력하고 있다. 이미 STO 및 자산 토큰 거래소 개설을 위한 법적인 준비를 마쳤다는 소식이다.

러시아의 광물 생산업체 노릴스크니켈은 팔라듐 기반 토큰을 출시할 계획이다. 팔라듐은 자동차 내연기관 정화 장치에 들어가는 산화 촉매이다. 각국에서 대기오염 때문에 배기가스 배출 규제를 강화하면서 팔라듐의 수요도 치솟았다. 노릴스크니

켈은 IBM과 협업하여 하이퍼레저 패브릭 블록체인 시스템으로 팔라듐 토큰을 개발하고 있으며, 각국 규제 당국과도 긴밀히 협력하겠다고 한다. 이 기업이 팔라듐 토큰화에 애쓰는 이유는 자동차 제조 기업과의 거래 비용을 낮출 수 있기 때문이다. 제조기업은 팔라듐을 많이 주문했다가 생산계획이 바뀌어 주문량을 재협상하고는 하는데, 계약을 애초에 토큰으로 한다면 주문량을 조절하거나 협상하기가 수월해진다. 만약 제조기업이 생산량을 줄이기로 결정한다면 그저 보유한 토큰을 다른 제조기업에 팔면 그만이다. 개인 투자자들은 가격이 오르고 있는 팔라듐을 토큰으로 소량씩 구매할 수 있고, 기업은 투자를 보다 손쉽게 유치할 수 있다.

미술품 토큰화

〈포에버 로즈〉는 아일랜드 사진작가 케빈 아보쉬의 걸작으로, 검은 배경을 바탕으로 붉은 장미를 마치 마법에 걸린 것처럼 아름답게 표현한 사진이다. 2018년, 케빈 아보쉬는 〈포에버 로즈〉의 소유권을 표시하는 암호토큰 '로즈'를 이더리움 블록체인을 이용해 발행했다.

로즈 토큰은 단 한 개만 발행되었는데, 이 유일무이한 토큰을 구매해 작품을 소유하고자 하는 사람들이 몰리자 케빈 아보쉬는 로즈 토큰을 10개로 쪼개 10명에게 0.1토큰씩 팔았다. 총 판매가는 100만 달러였다. 로즈 토큰을 구매한 10명은 〈포에 버 로즈〉의 법적 공동 소유자가 되었지만, 〈포에버 로즈〉의 원 본 사진 파일은 여전히 아보쉬의 개인 컴퓨터에 저장되어 있다. 디지털의 특성상 인터넷에는 원본과 똑같은 사본이 넘쳐나고, 검색만 하면 얼마든지 감상할 수 있다. 그렇다면 왜 구매자들은 로즈 토큰을 산 것인가? 토큰 보유자들은 이 사진을 언제 어디 에 전시할지 같이 결정하고, 사진 저작권에 관련된 수익을 분배 받는다. 걸작 예술품의 공동 소유자가 되었다는 만족감도 함께 누리면서 말이다.

2019년 9월 22일에는 '현존하는 가장 비싼 작가'라고 불리는 영국 화가 데이비드 호크니의 작품이 단돈 9,900원에 팔렸다. 물론 호크니의 그림이 실제로 1만 원도 안 한다는 말은 아니다. 그의 두 작품 〈거울과 함께 모인 그림〉과 〈초점 이동〉이 각각 8,900조각과 5,900조각의 디지털 토큰으로 쪼개어져 팔린 것이 다. 실제로 작품을 쪼갠 것이 아니라, 블록체인 미술 투자 플랫 폼 아트블록이 작품의 법적 소유권을 이더리움 기반 토큰으로 발행한 것이다. 판매 현장에서 약 130명이 호크니의 그림 토큰 을 샀고, 토큰화한 소유권 증명서는 암호토큰 지갑 비트베리에 저장되었다.

여기서 말하는 '소유권'은 다른 미술 작품의 소유권과는 의미가 조금 다르다. 토큰 구매자들, 곧 작품의 일부를 소유했다고 해도 작품이 보고 싶을 때 마음대로 볼 수 없다. 호크니 작품의 관리는 아트블록의 자회사인 홍콩의 아트블록마켓플레이스가 맡는다. 구매자는 작품에 대한 점유권이나 사용권이 아닌, 말 그대로 소유권만 갖는 구조다. 블록체인을 이용한 예술 작품의 토큰화가 가치의 소유권에 대한 정의도 바꾼 셈이다.

_〈블록체인이 예술의 이름을 불러주었을 때〉*

소유권 토큰 보유자들은 호크니의 그림을 마음대로 볼 수 있는 것은 아니지만 작품을 전시하거나 활용하여 발생한 수익을 배당받는다. 그림 가치가 상승하면 토큰 가치도 올라가므로 토큰을 팔아 이익을 거둘 수도 있다. 이처럼 미술품 토큰의 구매는 경제적 이익을 위한 투자이면서, 가격이 너무 비싸 소수 부유층만 소유할 수 있었던 대가의 작품을 작은 조각이지만 자신도 소유하고 있다는 정신적 만족을 준다.

한편 미술품의 토큰화는 예술가들에게도 기회를 준다. 예술품 시장은 화랑이나 경매사 등 소수의 중개자들이 좌지우지하

---

* 원재연 기자, 조인디. https://joind.io/market/id/809

는 경향이 강하다. 이들 중개자의 선택을 받지 못한 신진 예술가들은 대중과 접촉할 기회가 적다. 그러나 작품이 블록체인 기반 토큰으로 유동화되면 관객은 관객대로 다양한 예술품과 만날 수 있고, 예술가들은 중개자의 개입 없이 직접 대중과 소통하고 예술품 판매의 수익도 더 올릴 수 있다. 신진 예술가들이 경제적으로 안정되면 더 좋은 예술을 관객에게 되돌려줄 수 있음은 물론이다.

탄소배출권 토큰화

《논어》술이편에, 공자는 어려서 집이 가난해 제사가 다가오면 제사 음식을 마련하기 위해 직접 물고기를 잡고 새를 사냥했다는 이야기가 나온다. 그러나 공자는 "물고기를 잡으려고 낚시를 했지만 그물질은 하지 않았고, 새를 활로 잡기는 했지만 둥지에서 잠든 새는 쏘지 않았다". 공자가 꼭 필요한 만큼만 자연에서 얻으려 한 것은 인간은 자연과 더불어 살아야 하는 존재임을 마음으로 이해했기 때문이다.

인류의 거의 모든 문명에는 자연환경으로부터 주어진 것에 감사하며 공생을 추구해야 한다는 가르침이 있다. 경험을 통해 인류는 눈앞의 이익만을 위해 자연을 함부로 착취하면 장기적으로 인류에게 그 피해가 고스란히 돌아온다는 것을 알았다.

"고기 잡겠다고 연못의 물을 말리는 어리석음"을 저지르지 않아야 하는 것이다. 그러나 근대 이후 산업화에 의한 성장의 단맛에 취한 인류는 점점 더 빠르게 자연을 착취하고 훼손했다. 산업혁명 이후 본격적으로 화석연료를 에너지원으로 사용하면서, 그 이전 사회의 경제 발전을 가로막은 제약을 넘어섰다. 2차대전 이후부터는 인류가 지구 환경에 미치는 영향력이 폭발적으로 커지는 '거대한 가속Great Acceleration'이 일어났다.*

산업혁명 이후 화석연료 배출량의 증가로 인해 20세기 초반부터, 특히 1970년대 후반 이후 기온 상승 추세가 뚜렷해졌다. 지구 온난화다. 지구 온난화를 일으키는 주범은 온실가스다. 이산화탄소, 메탄, 아산화질소, 프레온 등의 온실가스는 지구의 열이 대기 밖으로 빠져나가는 것을 막아 지구를 덥힌다. 어느 정도의 온실가스는 지구 평균기온을 적절히 유지해 생명이 살 수 있는 여건을 만들지만, 산업혁명 이후 온실가스의 배출이 급속하게 늘면서 지구 평균기온도 따라 오르고 있다. 대기과학자 조천호 박사에 의하면, 산업혁명 이후 대기 중의 이산화탄소 농도는 46퍼센트, 메탄은 157퍼센트, 아산화질소는 22퍼센트 증가했다. 전문가들은 본격적인 산업혁명이 시작된 1880년과 비교해 지구 평균기온이 2도 이상 올라가면 현재 생물종의 30퍼

---

*《파란하늘 빨간지구》(조천호, 동아시아, 2019).

센트는 멸종할 것으로 내다본다. 해수면 상승으로 수억 명이 기후 난민이 될 수 있다고도 한다. 인류가 적응하려면 2050년까지 지구의 평균기온 상승폭을 1880년과 비교해 1.5도 이하로 막아야 한다. 그러나 이대로 가다가는 기온 상승폭이 2050년에 3~4도, 2100년에는 6도에 이를 것이라고 한다. 이는 인류 파국을 의미하는 것일 수 있다.

지구 온난화를 막기 위해서는 전 세계가 협력해 탄소 배출량을 줄여야 한다. 이를 모르는 사람은 없다. 그러나 국제 차원에서 각국 정부를 규제하는 데는 한계가 있다. 그래서 탄소 배출량 절감을 시장 원리로 해결하기 위해 나온 방안이 탄소배출권 시장이다. 각국 정부는 국제 차원의 기후 협약에 의해 탄소배출권을 배당받는다. 탄소배출권은 탄소 배출을 정해진 양만큼 할 수 있는 권리로 1배출권은 이산화탄소 1톤에 해당한다. 보유한 배출권보다 적게 배출할 경우에는 남은 배출권을 시장에서 판매할 수도 있다. 정부는 이를 국내 산업에도 적용한다. 온실가스를 적게 배출한 기업은 다른 기업에게 배출권을 판매할 수 있다. 기업이 탄소 배출량을 줄일수록 수익이 생기도록 하여, 적극적으로 배출량 저감 기술 및 친환경 기술을 도입하게 유도하려는 것이다. 하지만 탄소배출권 시장이 늘 원활하게 돌아가는 것은 아니다. 탄소 배출량을 정확히 계산하는 데도 비용이 들고, 시장에서 수요자와 수월하게 매칭해 거래를 성사하기도 쉽지는 않다.

이에 탄소배출권 시장과 블록체인을 접목해 지구 온난화를 늦추려는 시도들이 나오고 있다. 친환경 기술 스타트업 베리디움 랩은 2018년부터 IBM과 제휴해 인도네시아가 보유한 탄소배출권을 토큰화하는 프로젝트를 시작했다. 구체적으로, 인도네시아 우림 구역을 관리하는 기업인 인피니트어스가 가진 탄소배출권을 암호토큰 '베르드verde'로 발행하는 것이다.

인도네시아 열대우림 보호구역이 개간되면 지구 온난화를 가속하는 효과를 낳는다. 하지만 인도네시아 정부나 지방정부는 국민들의 삶의 질을 향상하기 위해 경제적 수익이 필요한 나머지 개간으로 기울 가능성이 크다. 개간은 탄소배출권을 활용해 하게 된다. 정부가 개발을 포기하려면 보유한 탄소배출권을 시장에서 팔았을 때 개발 이익을 초과하는 충분한 판매 수익을 예상할 수 있어야 한다. 탄소배출권을 블록체인을 이용해 토큰화하고 이를 거래소에서 거래하면, 기존 탄소배출권 시장보다 쉽고 빠르고 글로벌하게 배출권 수요자와 만날 수 있다. 소액 단위 토큰으로 쪼갤 수 있어서 열대우림 보호를 원하는 세계 시민들이 환경운동의 하나로 배출권 토큰을 구매하는 것도 가능하며, 장기적으로 열대우림이 경제적 가치가 더 커질 거라고 여기는 투자자를 끌어들일 수도 있다. 결국 인도네시아 정부는 우림 구역을 개발하기보다 탄소배출권을 팔고 우림을 보호할 동기를 갖게 된다.

폐플라스틱에 새로운 가치를 부여하는 토큰화 프로젝트도 있다. 한때 '신의 소재'라고 각광받았던 플라스틱은 오늘날 해양 환경오염의 주범이 되었다. 해마다 3억 톤이 넘는 플라스틱 제품이 새로 만들어지고, 이중 약 800만 톤이 바다로 흘러간다. 현재 바다에 부유하는 플라스틱의 전체 무게는 해양 플랑크톤의 전체 무게와 맞먹으며, 2050년에는 바닷물고기의 전체 무게와 맞먹을 것이라고 한다. 그런데 플라스틱을 수거하는 데도 돈이 들어가므로 빈곤국일수록 누적된 피해가 커질 수밖에 없다. 가난한 사람들은 생계 활동에도 바빠 플라스틱 정화에 신경을 쓰기 어렵다.

플라스틱 은행은 이 문제를 해결하기 위한 토큰경제를 설계했다. 카리브해의 빈곤국 아이티에서는, 버려진 플라스틱을 수거해오면 대가로 디지털 토큰을 제공한다. 은행 계좌가 없는 사람이 많으므로 토큰은 은행을 거치지 않고 블록체인으로 관리된다. 사람들은 스마트폰 앱으로 토큰을 지불받은 후 플라스틱 은행과 연계된 상점에서 생필품으로 교환할 수 있다. 뿐만 아니라 자녀 교육비, 보험료, 전기료 납부 등으로 납부하는 것도 가능하다. 이런 식으로 토큰이 돌면서 지역 경제에도 도움이 된다. 플라스틱 해양 오염에도 대처하고 빈곤도 줄일 수 있는 새로운 형태의 비즈니스 모델을 창출한 것이다.

┤ 부동산 ├	┤ 원자재 ├
REX REIDAO REA SMATRE	ONEGRAM SILVER TOKEN GOLDMINT PETRO
┤ 미술품 ├	┤ 기타 ├
Maecenas ArtOlin PRO RATA	MovieBloc Tether(USDT) SPiCE VC

자산 토큰화의 장점
- 투자 접근성 및 편의성 증대 - 유동성 증대
- 중개자 최소화 및 거래 자동화로 비용 절감

● 다양한 자산 토큰화 프로젝트.

토큰화 대상이 되는 자산은 이 밖에도 데이터, 대중문화 콘텐츠, 지적재산권, 주식이나 채권 등으로 확대된다(데이터 자산은 특히 중요하므로 다음 장에서 자세히 다루도록 하겠다). 먼저 콘텐츠의 토큰화는 특히 한국형 콘텐츠가 세계적인 경쟁력을 갖고 있다는 점에서 잘만 하면 글로벌 토큰 시장을 흔들 수 있는 가능성을 가지고 있다. 예를 들어 방탄소년단이 100억 원을 들여 신작 뮤직 비디오를 제작한다고 하면, 소수의 투자자들로부터 거액을 투자받을 수도 있지만 'BTS 토큰' 100억 개를 만들어 전세계 수억 명의 BTS 팬들로부터 자금을 조달할 수도 있다. BTS 토큰을 구입한 사람은 뮤직 비디오로부터 창출된 수익을 보유한 토큰에 비례해 분배받는데, 그 수익금을 BTS의 이름으로 세계 빈곤 아동을 돕는 일에 후원하는 식으로 가치 소비를 할 수도 있다. 게다가 토큰을 구매한 사람은 더 적극적으로 뮤직 비디오를 홍보할 것이다. BTS와 팬들이 서로 이익과 가치를 공유하는 새로운 토큰경제를 만드는 것이다.

지적재산권도 유동화할 수 있다. 누군가 미래 전망이 밝은 기술 특허를 획득했는데 이를 비즈니스로 실현할 자금이 없다고 하자. 그 사람은 기술 특허를 전문적인 특허 평가 기관에 의뢰하여, 특허의 가치와 미래에 발생할 수익을 바탕으로 토큰을 발행할 수 있다. 토큰을 P2P로 판매하여 자금을 투자받고, 그 자금으로 비즈니스 모델을 만들어 이익을 남겨 투자자와 공유하는 것이다. 주식의 토큰화와 관련해서, 코스콤은 비상장 주식을 전문적으로 거래하는 블록체인 플랫폼인 '비마이유니콘'을 개발 중이다. 비상장 주식은 장외 거래로 매매되었기 때문에 '이 주식이 정말 저 회사 주식이 맞을까?' 하는 의구심이 들어도 검증하기가 어려웠고, 신뢰가 부족하다보니 거래 비용이 높아져 거래를 가로막는 요인이 되었다. 그러나 블록체인 기술이 이 문제를 해결해준다면 저렴한 비용으로 신뢰를 보장하여 거래할 수 있어 비상장 주식 거래가 활성화될 것이다. 스타트업의 자금 조달이 용이해지면 기업 가치 1조 원 이상을 가리키는 '유니콘'들이 우리 경제에 더 많이 출현하리라 기대할 수 있을 것이다.

누가 미래 부의 주인이 될 것인가?

한국 정부는 2017년 9월 29일 '가상통화 관계기관 합동 TF'를 통해 '암호화폐를 통해 투자금을 조달하는 행위'를 ICO로 정의하면서 기술, 용어 등에 관계없이 모든 형태의 ICO를 금지한다는 방침을 정해 현재까지도 이를 유지하고 있다. 이러한 정부 방침에 따라 암호화폐의 일종인 증권토큰이나 자산 토큰을 발행하는 STO 역시 현재는 규제 대상이다. 그런데 정부는 디지털 자산시장을 둘러싼 비즈니스 트렌드에 적극 개입해야 한다는 신호 역시 계속 보내고 있다. 규제와 지원 사이에서 혼란을 야기하는 정부의 태도로 인해 국내 기업들도 갈팡질팡하는 모양새다. 규제는 명확하고 현실적이면서 세계적인 산업 변화에 호응해야 한다. 많은 국내 기업들이 STO가 허용된 스위스, 홍콩, 싱가포르 등으로 나가고 있다. 디지털 자산혁명이 벌어지는 상황에서 이러한 기업 엑소더스는 매우 우려스러운 일이다. 우리나라가 부의 흐름에서 멀어진다는 것을 의미하기 때문이다.

암호화폐 전성시대를 지나 자산 토큰화 시대가 열리는 중이다. 가속적인 자산 토큰화와 함께 새로운 비즈니스 기회도 늘고 있다. 이러한 비즈니스 기회를 우리가 외국 기업들에게 다 빼앗기지 않으려면, STO를 국내에서도 할 수 있도록 법제도적 여건을 갖추어야 한다. 게으른 사냥꾼은 노루를 보고서야 그물을 짊

어진다고 한다. 그때는 그물 들고 쫓아가봐야 이미 늦다. 시간이 흘러 디지털 자산시장의 틀과 메인 플레이어가 다 정해진 후에야 기회를 찾겠다며 나서는 우를 범해서는 안 된다.

미래의 부는 비싼 자산을 누가 가지고 있느냐에 달려 있지 않다. 디지털 자산을 투명하고 안전하게 관리하는 기술, 글로벌 자산 거래에 필요한 여러 서비스를 먼저 제공할 수 있는 이들이 부의 새로운 주인이 된다.

래디컬 마켓을 더 래디컬하게

"래디컬 마켓이 다른 정책적 제안들과 구별되는 가장 큰 특징은 좌파의 제안도 우파의 제안도 아니라는 점에 있다. 저자들은 복잡한 문제에 대해 한쪽으로 치우치는 자세를 삼가며 대신에 사람들이 합의점을 찾을 수 있는 새로운 메커니즘들을 제안한다." 이더리움 개발자 비탈릭 부테린은 에릭 포즈너와 글렌 웨일의 책 《래디컬 마켓》이 정식 출간되기 전에 이처럼 추천사를 썼다. 이 책이 블록체인이나 암호화폐를 직접 언급하지 않음에도 불구하고 블록체인 이상주의자들은 이 책의 메시지에 큰 관심을 보였다. 책의 저자들은 공정하고 자유로운 시장경제를 위해 독점을 해체하는 급진적 개혁을 주장하는데, 이는 정치경제에서 중앙집중형 권력 대신 탈중앙 시스템을 지향하는 블록체인의 철학과 맞닿기 때문이다.

《래디컬 마켓》의 제안은 디지털 자산혁명의 방향과도 공명한다. 《래디컬 마켓》의 저자들은 "시장이야말로 최소한 중단기적으로 사회를 설계하는 최선의 방법"이며, 사회를 경쟁 시장으로 구성해야 한다고 본다. 그러나 현실에서는 주요한 시장들이 소수의 개인 또는 기업에게 독점되어 있으며, 어떤 시장은 절실히 필요함에도 아예 존재하지 않는다. 저자들은 "시장이 시장 지배력 때문에 제대로 작동하지 않거나 필요한 시장이 존재하지 않는다"는 문제의식에서, 좌우 이념 대립에서 벗어나 편견과 기득권에 저항하는 '급진주의적' 제안들을 제시한다. "진정으로 경쟁적이고, 개방적이고, 자유로운 시장을 통해 불평등을 크게 완화하고 번영을 도모"하기 위해서다.

저자들에 의하면 시장이 강화되고 확대되어야 한다는 우파의 생각은 옳지만, 우파는 '시장 근본주의'로 기우는 바람에 시장의 독점화와 심화되는 불평등 해결에 무력하다. 또 불평등을 해결하고자 하는 좌파의 견해에는 동의하지만, 좌파는 '엘리트 관료들의 재량'에 지나치게 의존한다. 저자들은 현실 개혁을 위해 "집단행동은 고무하되 권력은 분산시켜야" 한다고 강조한다. 또한 시장에 내재된 급진성에 주목하고, 그 급진성을 강화해 시장을 개혁의 도구, 곧 '래디컬 마켓'으로 만들자고 주장한다. 래디컬 마켓은 '시장을 통한 자원 배분'이라는 근본 원리가 제대로 작동할 수 있도록 하는 제도적 합의다. 이는 시장 근본주의와는 다른 '시장 급진주의market radicalism'다. 그리고 이러한 래디컬 마켓의 정수는 바로 경매다.

저자들은, 토지를 비롯한 모든 자산에 대한 사유재산권은 자원 이용의 효율성을 저해한다고 지적한다. 그 대안으로 도시 전체를 상시적인 경매 대상으로 상상하자고 말한다. 빌딩, 사업체, 공장, 산비탈 등에 모두 시세가 형성되어 그 이상 지불하는 사람에게 소유권이 넘어간다. 다만 생활의 안정성은 법으로 보장해서, 퇴근하고 돌아오니 집이 팔린 황당한 상황은 없도록 한다. 경매 수익은 알래스카 주민 배당금이나 노르웨이 석유 판매 수익 배당처럼 사회적 배당금으로 시민에게 되돌려주거나 공공 재원으로 사용한다. 이렇게 하면 재산권에 대한 인식이 완전히 달라진다. 누구도 자산의 완전한 소유자가 될 수 없고 부분적 소유만 가능하다. 상시적인 경매는 토지와 자원의 비효율적 이용을 줄인다. 가령 도심의 비싼 땅에 소수 부자들의 펜트하우스를 짓기보다 중산층 다수의 거주나 비즈니스를 위한 고층 건물이 지어질 것이다. 누구도 사업체나 토지를 항구적으로 소유할 수 없으므로 불평등의 근본적인 원인이 제거된다.

《래디컬 마켓》은 자산 보유자가 자기 자산 가치를 스스로 평가해 매기고, 그 가치대로 과세하는 '공동 소유 자기평가세'(이하 자기평가세)를 도입하자고 한다. 이 세금 제도의 뿌리는 고대 그리스에서도 찾을 수 있다. 고대 아테네에서는 도시에서 가장 부유한 1,000명을 선발해 군대 양성 등 주요 공공사업에 자금을 지원할 의무를 부과했다. 이 집단에 속한 사람은 만약 다른 누군가가 자기보다 더 부자라고 여겨지는데도 자금 제공의 의무를 회피하는 걸 보면 그에게 '안티도시스'라고 불리는 소송을 걸었다. 안티도시스는 '교환 소송'이라는 의미다. 항의를 받은 사람은 공공사업에 대한 자금 지원 의무를 받아들이거나, 아니면 소송을 제기한 사람과 자기 재산 전부를 바꿔야 했다. 겉으로 드러난 자신의 재산이 진실 그대로임을 증명하는 취지에서다. 이 시스템에서 개인은 자기 재산을 스스로 평가하고 공개하며, 자기가 평가한 액수가 거짓이 아님을 증명해야 한다.

상시적 경매가 이뤄지고 자기평가세가 도입되면, 자산을 소유하려는 사람은 충분히 높은 가격을 스스로 제시하고 그에 따른 높은 세금을 내야 한다. 즉 자산 소유의 대가를 사회에 충분히 납부해야 한다. 만약 그가 자산 가치를 낮게 매기면 누구든 더 높은 가격을 낼 용의가 있는 사람에게 사용권을 넘겨야 한다. 오늘날 흔히 있는 일처럼 세금을 낼 때는 자산 가치를 낮추려고 하고, 시세 차익을 위해서는 자산 가치를 높이려 드는 이중적인 행동은 래디컬 마켓에서는 불가능하다. 그 결과 자산 가치는 항상 투명하게 공개되고, 자산의 독점은 불가능하며, 사회적으로 가장 효율적인 방식으로 자산이 사용될 가능성이 커진다. 자기평가세는 공공 자산이나 자원 임대권에도 적용될 수 있다. 저자들은 이 제도가 "영구적 소유권에 기반한 낡은 시장을 대체하며 사용권이 자유롭게 거래되는 새로운 형태의 시장을 만든다"고 전망한다. 소유권 중심의 시장이 사용권 중심의 시장으로 전환되는 것이다.

"자본주의 사회에서 어떤 사람이 부를 창출한다면 보통 혼자만의 힘으로 이루어지진 않는다. 통상 공헌에 대한 보상을 받지 못하는 친구, 동료, 이웃, 스승, 그리고 다른 많은 이들의 도움으로 이루어진다. 공동 소유 자기평가세는 이처럼 부의 창출에 관여한 노동에 대해 보상을 하는 방향으로 작동한다."

_《래디컬 마켓》

소유권보다 사용권을 강조하는 《래디컬 마켓》의 제안에 우리 필자들은 충분히 공감하고 있다. 그런데 우리가 말하는 디지털 자산혁명은 래디컬 마켓의 취지를 훨씬 더 밀고 나간다. 자산의 자기평가와 상시적 경매시장이 추구하는 이상은 블록체인에 기반한 토큰경제에서 가장 완벽하게 실현될 수 있다. 자산의 토큰화, 스마트 계약을 통한 거래 자동화, 탈중앙 거래 플랫폼이 결합하면 자산은 항시 유동화되고, 소액 암호토큰으로 쪼개져 글로벌 차원에서 유통된다. 독점은 사라지며 자산은 사실상 만인의 공동 소유로 변한다. 다수의 공동 소유자들은 자산을 공공에 가장 유용한 방법으로 사용함으로써, 미켈란젤로가 투박한 대리석에서 다비드 상을 끌어내듯이 자산의 진정한 가치를 이끌어낸다.

시장은 소유권 중심에서 사용권 중심으로 변모하고, 과거 어느 때보다 활기 넘치고 민주적인 공간으로 발전한다. 디지털 자산혁명은 《래디컬 마켓》이 제안하는 '자유, 경쟁, 개방성'에 근거한 시장을 조직하는 길이다.

4장

데이터로 먹고사는
세상이 온다

디지털 경제와 데이터의 중요성

디지털 자산은 크게 셋으로 나눌 수 있다. 첫째, 암호자산, 둘째, 토큰화한 실물 자산, 셋째, 데이터 자산. 먼저 암호자산은 화폐성보다 투자성이 큰 암호토큰을 말한다. 지급 결제 수단으로도 쓸 수는 있지만 가치 저장 수단의 기능이 더 두드러질 때 암호자산이라고 한다. 두 번째로, 토큰화한 실물 자산은 부동산, 천연자원, 예술품, 주식 등 실물 자산의 소유권을 디지털 토큰 형태로 전환한 것을 뜻한다.

마지막으로 데이터 자산은 시장가치가 있는 데이터를 말한다. 그리고 이 장에서 다루려고 하는 내용이 바로 이 세 번째 디지털 자산인 데이터 자산이다.

데이터 자본주의가 등장한다

"펭하!" 2019년 하반기를 강타한 유행어다. 남극에서 온 거대 펭귄이 한국인들의 마음을 사로잡았다. EBS 캐릭터 '펭수' 이야 기다. 아이들은 말할 것도 없고 부모 세대인 40대, 2030 청년들 도 죄다 펭수에게 열광한다. 참고로 펭하란 '펭수 하이[hi]'란 뜻.

EBS에서 밝힌 바에 의하면 펭수는 키 2미터 10센티미터의 거대 펭귄으로, 한국에서 아이돌이 되고자 남극에서 와서 'EBS 아이돌 연습생' 신분으로 지내고 있다. 아이부터 어른까지 펭수 를 좋아하는 이유는 귀여운 외모와 함께, 슬쩍슬쩍 선을 넘는 자유로운 행동 때문이다. 사람들은 펭귄 탈 안에 누가 있는지 알려고 하지 않고 펭수 그 자체를 즐긴다. 학교, 기업, 공공기관, 심지어 타 방송사에서까지 EBS 게시판에 펭수가 자신들을 방 문해주길 바란다는 글을 올린다. 펭수가 오기만 하면 그것으로 자신들도 엄청난 홍보 효과를 거둘 수 있기 때문이다.

펭수의 인기 비결은 무엇일까? 여기에는 미디어 시청 습관에 대한 데이터 분석이 큰 몫을 했다. 원래 EBS 캐릭터의 주 소비 계층은 유아에서 초등학생까지 어린이들이다. 그런데 EBS 제 작진은 미디어 시청 데이터를 분석하여 초등학교 고학년만 돼 도 EBS를 '졸업'하고 유튜브로 옮겨간다는 사실을 알았다. 초 등학교 고학년 아이들은 어린이 대상 방송물이 유치하다고 생각하지만 그들을 대상으로 하는 공중파 방송물이 그리 많지 않다. 이처럼 스스로 어린이가 아니라고 여기지만 그렇다고 청소년도 아닌 아이들을 붙잡기 위해 제작진은 펭수라는 캐릭터를 만들었다. 펭수는 아이들이 좋아할 귀여운 외모에 아이돌 연습생이라는 친근한 설정이지만, 마냥 착하고 어른 말 잘 듣는 캐릭터가 아니다. 은근 심술도 많고 화를 버럭 낼 때도 있으며, 심지어 연습생 주제에 EBS 사장님의 이름을 막 부르기도 한다. 이런 되바라진 매력이 신선한 재미를 주는 것이다.

펭수의 히트는 오늘날 시장 환경에서 데이터 분석이 얼마나 중요한지 보여주는 작은 사례일 뿐이다. 데이터는 더 이상 생산에 부수적으로 참고할 자료가 아니다. 이제 시장에서 성패는 데이터에 달려 있다고 해도 과언이 아니다. 데이터는 과거에도 늘 중요한 자산이었지만, 최근에는 생산성에 직접 영향을 미치는 요인이 되었다. 미국에서 330개 기업을 대상으로 조사해보니 '데이터 기반 의사결정'을 도입한 기업의 생산성이 그러지 않는 기업에 비해 평균 5~6퍼센트 높았다.* 영국 500개 기업을 대상으로 한 조사에서도 데이터 활용 기업의 생산성이 평균 8~13퍼센트 높다는 결과가 나왔다.

---

*《머신|플랫폼|클라우드》(앤드루 맥아피·에릭 브린욜프슨, 이한음 옮김, 청림출판, 2018).

데이터 기반 기업이 전통 제조업을 추월하는 대표적인 사례는 우버가 보여준다. 2009년 샌프란시스코에서 고가 리무진 대여업으로 시작한 우버는, 2018년에 상장되었을 때 기업 가치가 완성차 3대 업체인 포드·지엠·피아트-크라이슬러의 시가총액을 합친 것보다 높은 1,200억 달러로 평가되었다. 여기에는 미래 자동차산업이 데이터 기반 승차 호출 서비스 중심으로 재편될 것이라는 기대와 함께, 방대한 교통 관련 데이터를 확보한 우버가 자율주행산업을 선도할 것이라는 전망이 영향을 미쳤다. 다만 지금 우버의 영업 실적은 이러한 기대에 못 미치는데, 이는 데이터 기반 승차 호출 서비스 산업에 대한 회의라기보다는 완성차 업체들도 같은 서비스 분야에 본격적으로 뛰어들겠다고 선언하면서 우버의 선점효과가 줄어든 결과라고 보인다.

데이터 기반 기업의 생산성이 높은 이유는 세 가지로 요약된다. 첫째, 데이터가 쌓일수록 데이터 기반 예측 알고리즘의 결론이 인간 전문가의 판단보다 우세해지기 때문이다. 사실 인간의 판단은 외부 환경의 변화와 마음 내부의 선입견에 많은 영향을 받는다. 이스라엘의 한 연구에 따르면, 판사들은 점심 식사 전에 판결할 경우 점심 식사 후보다 수감자의 가석방 요청을 기각할 확률이 높았다. 신체적 스트레스가 판사의 재량 내 결정에 영향을 주었다고 짐작할 수 있다. 미국에서도 판사들은 미식축구 시합에서 자기 모교 대학이 역전패당하면 피고에게 더 엄한 선고를 내리는 경향이 있다.* 이처럼 인간의 결정은 늘 오류에 빠지거나 편향되어버릴 위험이 크다. 성공 가능성과 실패 가능성의 확률이 같아도 실패 가능성을 더 무겁게 받아들인다든가, 정보의 양이 많아질수록 무의식적으로 자기에게 친숙한 정보만 받아들이는 것도 인간의 특징이다. 그래서 점점 많은 기업이 의사결정의 무게중심을 전문가의 직관이 아닌 데이터 기반 알고리즘에 넘기려고 한다. 기계에 맡길 수 없는 윤리적 판단이나 최종적인 의사결정만 인간이 내리는 분화된 의사결정 시스템을 갖춰가는 추세다.

둘째, 데이터 활용을 통해 시간과 거래 비용을 단축할 수 있기 때문이다. 구글이 검색 시장을 장악할 수 있었던 것은 '페이지랭크'라는 알고리즘으로 정확도 높은 검색 서비스를 제공했기 때문이다. 검색 기업이 직접 웹 페이지를 모아 분류하고 정렬해 제공하는 기존 서비스와 달리, 구글의 알고리즘은 사람들이 많이 찾는 페이지와 그 페이지에서 링크되는 페이지 중심으로 노출시킨다. 즉 '사람들이 어떤 페이지를 찾는가, 그리고 그 페이지에서 어디로 링크해서 가는가'의 데이터를 활용해 검색의 만족도를 높였다. 페이스북도 이용자 데이터를 활용하여 과거 경험의 패턴을 찾아내 잠재 욕구를 파악하고, 그 이용자에게

---

*《머신ㅣ플랫폼ㅣ클라우드》.

맞는 제품 및 서비스의 광고와 연결시킨다. 넷플릭스는 이용자의 영화 취향과 비슷한 취향의 다른 이용자가 선택한 영화를 해당 이용자에게 추천한다. 이용자는 영화를 고르는 시간을 줄일 수 있다. 이용자가 추천받은 콘텐츠에 만족할 확률이 높아질수록 영화 제작사는 콘텐츠 판매 수익을 더 많이 거두게 된다.

셋째 이유는 데이터에 기반한 인공지능 학습이다. 빅데이터가 쌓일수록 인공지능 학습이 강화된다는 사실은 무어의 법칙만큼이나 중요하게 여겨지고 있다. 아이가 언어를 배우려면 많은 단어와 문장을 접해야 하는 것처럼 인공지능의 능력을 강화하려면 최대한 많은 데이터에 노출시켜야 한다. 인공지능 학습 방식인 머신러닝은 한편으로 컴퓨터 연산 능력이 발전함에 따라, 다른 한편으로 인터넷을 통해 데이터 양이 폭발적으로 증가함에 따라 빠르게 진화했다. 데이터 기반 머신러닝이 본격화된 2010년대에 디지털 기업들은 인공지능을 강화하여 사물 인식, 음성 인식, 기계 시각machine vision 분야에서 혁신적인 서비스들을 내놓았다. 그러면서 애플 시리, 구글 어시스턴스, 마이크로소프트 코타나 등이 출시되었다. 데이터로 강화된 인공지능은 GAFA 같은 디지털 기업들이 전통적 제조기업과 금융기업들을 추월해 최상위 기업이 되도록 만든 일등 공신이다.

이처럼 데이터가 가치 창출에 기여하는 정도가 높아지면서 가치 창출의 중심이 산업자본주의 시대 '공장'으로 상징되는 유형 고정자본에서 물리적 형태가 없는 무형자본으로 이동했다는 주장도 있다. 이른바 '자본 없는 자본주의'가 도래했다는 이야기다. 정보통신 기업의 경우 전체 자산에서 기계, 건물, 부동산 등 유형자산 비중은 크게 낮아진 데 비해 지적재산권, 상표권 등 무형자산 비중은 압도적으로 높아지고 있다. 최근 연구결과에 따르면, S&P 500 기업의 시장가치 가운데 유형자산은 불과 20퍼센트 정도다.* 정보통신 기술과 데이터 수집 능력의 발전으로 상품과 서비스의 취약점이 실시간으로 개선되고, 개선에 드는 비용도 하락한다. 상품 가격이 낮아지고, 생산성이 오르며, '파괴적인 혁신' 상품과 서비스가 등장하는 속도가 빨라진다.

디지털 경제에서 데이터는 부의 증대를 위한 핵심 요소다. 그런데 기업이 가치를 창출하는 데 가장 중요하게 필요한 데이터는 인간 소비자에게서 나온다. 그런 의미에서 개인 데이터야말로 가치의 원천이다.

개인 데이터는 데이터를 생성하는 인격과 분리해서 사고할 수 없다. 그런데도 기업은 개인 데이터를 그 주체인 인격으로부터 아무런 동의도 구하지 않거나 아주 형식적인 동의 절차만 거

---

* 〈데이터 플랫폼 규제와 개인 정보 거래소〉(조혜경, 정치경제연구소 대안 콜로키움 발표문, 2019).

치고 간단히 수집하고 있다. 기업은 이처럼 손쉽게 개인 데이터를 수집해서 자유롭게 가공하여 비즈니스에 활용한다. 다른 기업이나 기관에 가공한 소비자 데이터를 판매하기도 한다. 개인은 자신의 데이터가 어디에 어떻게 사용되는지 전혀 알지 못하며, 기업이 그 데이터를 활용하여 획득한 수익에 대해서도 철저히 소외되어 있다. 앉아서 주고 서서 받는다는 속담처럼 지금까지는, 기업은 개인들에게서 데이터를 쉽게 가져가는 반면 개인들은 기업에게서 데이터의 대가를 받아내기가 힘들었다. 사실은 거의 불가능했다고 할 수 있다. 데이터 경제가 커질수록, 이 문제는 갈등으로 번질 것이다.

내 데이터를 누군가가 마음대로 가져간다

하늘을 향해 나는 화살을 쏘았네
화살은 땅에 떨어졌으나 찾을 수 없었네
너무나 빨리 날아가버려
눈이 화살을 따르지 못했네
(⋯)
오랜 세월이 흐른 후 한 느티나무에
박힌 부러지지 않은 화살을 나는 보았네
_〈화살과 노래〉(H. W. 롱펠로)

무심코 쏜 화살이 먼 훗날 엉뚱한 나무에 박혀 있는 것을 보게 된다. 사람은 살아가면서 어딘가에 흔적을 남긴다. 그 흔적은 데이터로 기록된다. 다시 말해 우리의 삶은 곧 데이터를 생성하는 과정이다. 우리가 하는 노동이나 일상 활동은 물론 사회적으로 맺는 관계, 심지어 우리의 존재 그 자체가 데이터의 원천이다. 그리고 그 수많은 데이터 가운데 시장 가치가 있는 데이터는 몇 가지 범주로 구분된다. OECD가 발간한 한 연구 보고서는 데이터를 다음과 같이 구분한다.*

1. 이용자 생성 콘텐츠(글, 사진, 동영상 등)
2. 활동·습관 데이터(검색 기록, 구매 기록, 가입 기록 등)
3. 소셜 데이터(SNS 활동 기록 및 '친구' 관계)
4. 위치 데이터(거주지 및 직장 주소, GPS상 위치)
5. 인구학적 데이터(연령, 젠더, 인종, 소득, 성, 정치 성향)
6. 공공 행정 데이터(이름, 금융 기록, 건강 기록, 전과 기록)

더 단순화하면 데이터를 4개의 범주로 구분하기도 한다. 첫

---

* OECD(2013), "Exploring the Economics of Personal Data: A Survey of Methodologies for Measuring Monetary Value", OECD Digital Economy Papers, No. 220, OECD Publishing. http://dx.doi.org/10.1787/5k486qtxldmq-en

째, 개인의 신원 정보다. 나이, 성별, 이력, 학력, 거주지, 가족 관계 등이 여기 해당된다. 둘째, 활동 정보다. 개인이 어디에 가고 어디에 머물며 무엇을 검색하고 어떤 물건을 구매하며 무슨 행사에 참여하는지에 대한 정보다. 셋째, 신체·건강 정보다. 질병, 부상, 치료 기록, 유전 정보, 라이프로그$^{\text{life-log}}$ 데이터 등이 포함된다. 넷째, 콘텐츠다. 내가 서해 안면도 해수욕장에 가서 사진 찍고 '안면도 해수욕장'이라고 언급해 SNS에 올린다면, 디지털 기업들은 그 사진으로 인공지능에게 안면도 해수욕장의 지리 환경을 인식하도록 학습시킨다. 나뿐 아니라 많은 사람들이 안면도 해수욕장에서 찍어 올린 사진이 머신러닝의 재료가 된다.

시장가치가 있는 데이터를 축적하는 공간이자 데이터를 배타적으로 수집하기 위한 도구가 바로 디지털 플랫폼이다. 구글이나 페이스북은 기업과 이용자를 광고로 이어주는 광고 플랫폼으로, 우버는 이용자와 우버 운전자를 이어주는 플랫폼으로, 아마존과 지멘스는 기업들의 생산 인프라를 제공하는 플랫폼으로 특화했다. 플랫폼의 종류는 크게 생산 플랫폼, 거래 플랫폼, 비거래 플랫폼으로 구분된다. 시장, 마트, 백화점처럼 판매자와 구매자가 만나는 공간으로서 플랫폼은 과거부터 있었다. 하지만 오늘날 디지털 플랫폼은 데이터의 배타적 수집과 이용을 목적으로 조직되었다고 해도 과언이 아니다. 플랫폼 기업은 고객 데이터에 기반해 맞춤형 서비스를 제공하고, 축적된 데이터를 재료로 인공지능을 학습해 새로운 서비스를 창출해낸다. 플랫폼 이용자들은 하나의 큰 플랫폼에 머무르면 다양한 다른 이용자 및 서비스 공급자들과 만나기 쉽다. 편의성이 커진다. 이용자가 플랫폼에 오래, 그리고 자주 머물수록 플랫폼에는 더 많은 데이터가 쌓이고 네트워크 효과가 커지며 플랫폼 기업의 수익도 증가한다.

　이러한 까닭에 플랫폼은 독점화하는 경향이 있다. 구글과 계열사 유튜브는 인터넷 검색 시장의 90퍼센트를 차지한다(2018년). 페이스북의 월 이용자는 24억 명에 이른다(2019년). 디지털 광고 시장에서 구글과 페이스북은 57퍼센트의 비중을 차지한다(구글 41퍼센트/페이스북 16퍼센트, 2016년). 아마존은 미국 전자상거래 시장의 38.1퍼센트, 전 세계 크라우드 시장의 44퍼센트를 차지한다(2017년). 플랫폼의 독점화와 거대화는 서비스 차원에서 소비자의 후생을 늘리는 측면이 있다. 하지만 그것으로 상쇄할 수 없는 다양한 문제가 발생한다. 대표적으로 플랫폼이 수집한 개인 데이터가 종종 외부로 유출된다. 앞에서 보았듯이 2016년에 페이스북에서 막대한 양의 개인 정보가 데이터 분석 회사로 유출되었고, 이 회사는 트럼프 캠프에 유권자 성향 분석 데이터를 제공해 트럼프의 당선을 도왔다. 2018년에는 구글에서 5,250만 건의 개인 정보가 유출되었고, 2016년 한국의 인터파크에서도 1,030만 건의 개인 정보가 유출되는 사고가 있었다.

곳간 불난 줄 모르고 독 뒤에서 쌀알 줍는다고, 소비자들은 디지털 기업에서 자기 개인 정보가 유출되고 있는데도 공짜 서비스나 쿠폰을 제공받고 즐거워했던 셈이다.

미국에서 개인 데이터는 실은 오래전부터 비공개 데이터 시장에서 거래되어왔다. 개인 데이터를 수집해 판매하는 사람 또는 기업을 데이터 브로커라고 한다. 미국에는 정보화 초기부터 데이터 브로커 업체가 성행했는데, 이들은 공공 행정 데이터(유권자 등록 정보, 인구통계, 차량 등록 정보, 주소 정보 등), 공개된 개인 정보(전화번호, SNS 등), 민간업체로부터 구매한 데이터베이스(거래 기록, 카드 사용 정보, 쇼핑 정보 등)를 상업적 목적으로 광범위하게 수집해 기업이나 기관에 판매했다. 기업이나 기관은 광고, 신용 평가, 고용계약 시 신원 확인, 범죄자 탐지, 정치 성향 조사 등 다양한 목적으로 데이터 브로커에게서 데이터를 구매했다. 가령 보험회사는 질병 위험이 높은 사람의 보험 가입을 회피할 목적으로 개인 건강 정보를 알고자 한다. OECD 연구 보고서의 데이터 가치 평가에 따르면, 미국에서 출생 정보는 2달러, 운전면허 번호는 3달러, 사회보장번호는 8달러에 거래되는 것으로 추정된다. 임산부나 군 경력자의 데이터는 상대적으로 더 비싸다. 데이터 제공자는 정작 아무런 발언권이 없는 가운데 기업과 기관들 사이에서 개인 데이터들이 오가는 것이다.

최근에는 데이터 시장에서 디지털 플랫폼이 차지하는 비중이 커지고 있다. 이들 플랫폼은 정보통신 기술을 이용해 이용자들로부터 데이터를 추출해 빅데이터로 집적한다. 플랫폼 기업은 전통적인 데이터 브로커와 경쟁하기도 하지만, 개인의 인구통계학적 정보 같은 정형적 데이터 외에 행태 데이터 같은 비정형적 데이터도 광범위하게 수집한다는 점에서 훨씬 진화한 형태다. 플랫폼이 수집하는 행태 데이터의 한 가지 사례는 이용자가 한 광고나 동영상 또는 사이트에 머무르는 시간이다. 플랫폼은 이 시간을 초 단위로 기록해 이용자의 선호를 측정하고, 이를 새로운 서비스 판매의 기회로 삼는다. 예를 들어 우리나라 한 음원 스트리밍 서비스 기업은 이용자들의 음악 청취 이력 빅데이터를 음반 제작사나 아티스트에게 판매한다. 이용자의 특성에 따라 더 많이 듣는 음악, 한 곡 내에서도 더 자주 듣는 구간이 다르다면 이를 바탕으로 곡 창작이나 마케팅 방향을 정하는 것이다.

기업들은 경쟁에서 앞서기 위해 될 수 있는 한 많은 데이터를 값싸게 확보하고 이를 가공, 분석하여 생산성을 높이려고 한다. 그러기 위해 기업은 소비자의 일상적 활동에서 최대한의 데이터를 추출해내려고 한다. 그 관점에서 데이터를 제공한 개개인은 인격체가 아니라 수익 창출을 위한 재료로 여겨진다. 개개인의 사생활 보호 가치는 기업의 입장에서 도외시된다. 이에 대한 비판이 커졌고, 데이터를 개인 인격의 발현으로 보고 인권 차원에서 개인 정보 및 사생활을 보호해야 한다고 생각하는 사람들이 많아졌다. 그래서 여러 규제 법규가 도입되었다. 예를 들어 사업자들이 개인 정보를 수집할 때는 반드시 '동의' 절차를 거치도록 한 것도 개인 정보의 불법적 수집을 막기 위해서다. 그러나 역설적으로 동의만 있으면 어떤 데이터도 이용할 수 있도록 하여 또 다른 구멍을 만든 것이기도 하다. 정보 제공에 동의하지 않으면 서비스를 아예 이용할 수 없고, 제공한 정보가 어디에 어떻게 쓰이는지 복잡한 설명을 읽어도 알기 어렵다. 데이터 제공 '동의'가 소비자의 진정한 자발적 선택이라고 보기 힘든 이유다.

그런데 정보 인권과 개인 정보를 보호하는 규제가 너무 심해서 데이터 주도 디지털 경제의 성장을 가로막는다는 비판도 나온다. 주로 해당 업계의 요구이다. 업계는 개인 정보 규제가 구시대적이며, 데이터 경제 발전을 위해 최대한 규제를 없애야 한다는 입장이다. 하지만 이러한 업계의 요구를 그대로 받아들일 수는 없다. 사생활 보호는 헌법적 가치이기 때문이며, 이 가치의 존중은 장차 글로벌 표준이 될 가능성이 크다. 2018년 유럽연합은 정보 주체의 데이터 통제권을 한층 강화한 내용의 개인정보보호규정GDPR을 도입했고, 미국 캘리포니아와 뉴욕주는 유럽 GDPR의 선례를 따라 강도 높은 소비자 사생활보호법을 도입했다. 이처럼 선진국에서는 디지털 데이터 수집에서 소비자

인권을 보호하기 위해 규제를 더 촘촘하게 만들고 있다.

그러나 데이터 제공과 이용을 위로부터 규제하는 것이 과연 만능인가 하는 의문도 일리가 있다. 다양한 데이터 기반 서비스가 개인 삶의 질과 공공 복지후생을 높이는 데 기여하는 바가 분명히 있기 때문이다. 어떤 데이터들은 그 개인에게는 별 가치가 없으나 모아서 결합해야 비로소 가치가 생기고, 혁신적 서비스의 재료도 된다. 하지만 규제 장벽을 너무 높이면 데이터 활용에 다가갈 수 없어서 이러한 서비스 창출도 어려워진다. 또한 데이터가 충분히 공급되지 않으면 인공지능을 학습시키는 것이 불가능하다. 데이터 확보에 제약이 커질수록 인공지능 기술에서 선진국과 격차가 벌어질 것이다. 인공지능이 주도할 수밖에 없는 디지털 경제에서 기술 격차가 자꾸 벌어지면 우리가 선진국의 기술 식민지로 전락할 위험도 커진다.

데이터 경제, 안전한 데이터 시장이 필요하다

그렇다면 문제 해결의 방향이 보이는 셈이다. 데이터에 관한 개인의 자기 결정권, 즉 데이터 주권을 강화하면서 동시에 데이터에 기반한 서비스와 비즈니스 창출 기회도 확대하는 방향으로 가야 한다. 데이터 소유자는 자기 데이터가 안전하게 보호된다는 믿음을 가질 수 있어야 하고, 자발적으로 제공한 데이터에 대해 정당한 보상을 기대할 수 있어야 한다. 또한 기업이나 기관은 필요한 데이터를 최소한의 비용으로 원활하게 공급받을 수 있어야 한다.

이러한 해결 방향은 유럽 GDPR에서 강조하는 취지와도 통한다. GDPR은 개인이 자기 데이터의 관리 주체이자 권리 행사의 주체가 되는 것이 데이터를 활용하는 경제의 전제 조건임을 강조한다. 그래서 법은 데이터 제공 과정에서 '동의'와 '계약'을 구분하여, 데이터의 중요성에 따라 소비자에게 형식적인 동의 절차가 아닌 신중한 판단을 요청해야 한다고 규정한다. 또 GDPR은 정보 이동권을 신설해 개인으로 하여금 어떤 기관이 보유하고 있는 자신의 정보를 다른 기관이나 업체로 이동할 수 있게 했다. 예를 들면, B라는 사람이 은행 대출을 받으려고 하는데 신용 등급이 부족하다면, 통신사에 가서 자기 휴대폰 요금 납부 데이터를 신용 평가 회사로 보내달라고 할 수 있다. 신용 등급을 상향 평가받기 위해서다. 또한 GDPR은 삭제권을 명시해 개인이 원한다면 기관이 수집한 자기 정보를 삭제해달라고 요청할 수 있다.

개인 정보를 보호하고 자기 결정권을 강화하는 것과, 데이터 경제의 성장을 위해 데이터 활용도를 높이는 것이 서로 대립하는 것일까? 그렇지 않다. 안전하고 신뢰성 있는 데이터 거래 시장을 만들면 문제는 해결된다. 최근 팀 쿡 애플 최고경영자는

- **개인 정보의 범위 확대** 다른 정보와 결합해 개인을 식별할 수 있는 정보까지 개인 정보 범주에 포함.

- **정보 주체의 권리 확대** 개인 정보 이동권, 처리 제한권, 삭제권(잊힐 권리), 자동화된 의사결정 알고리즘에 대해 설명을 요구하거나 처리 결과에 반대할 권리 등.

- **기업의 책임성 강화** DPO(정보 보호 책임자) 필수 지정, 개인 정보 침해 발생 시 72시간 내에 신고, 개인 정보 이용 동의를 구할 때 명확한 정보 제공 및 간결하고 쉬운 설명 필요.

실리콘밸리 기업들의 무분별한 개인 정보 사용을 막기 위해 연방정부 차원에서 규제를 도입할 것과 함께 공개 데이터 시장을 만들 것을 제안했다. 쿡은 시사주간지 〈타임〉에 기고한 글에서 "무차별한 개인 데이터 장사는 규제되어야 한다"며, 연방정부의 개입을 촉구했다. 동시에 데이터 중개인 센터data-broker clearing house를 설립하여 가공된 개인 정보의 거래를 투명하게 관리해야 한다고 주장했다. 쿡은 데이터 중개인 센터에 페이스북, 구글 등 이용자 데이터를 수집하는 플랫폼 기업들을 등록시키고, 소비자들은 자신의 개인 정보가 언제, 어디서, 어떻게 가공되고 처리되는지 추적하거나 삭제할 수 있는 시스템을 마련해야 한다고 강조했다. 이처럼 데이터 시장을 안전하게 만들고자 할 때, 블록체인 기반 데이터 거래 플랫폼이 답이 될 수 있다.

블록체인 기반 데이터 거래 플랫폼이란, 데이터 제공자가 자신의 금융·건강·소비 정보 등의 데이터를 거래 조건과 함께 스마트 계약을 걸어 올려놓으면, 데이터 수요자가 자신이 원하는 조건의 데이터를 구매하는 마켓플레이스다. 데이터 제공자는 자신의 어떤 데이터를, 어떤 목적으로, 언제부터 언제까지 사용해도 좋을지 결정하여 데이터를 제공하고 그에 따른 보상을 받는다. 데이터 통제권이 확보되는 것이다. 데이터가 블록체인에서 관리되므로 해킹으로 누출될 위험도 낮고, 거래는 자동으로 이뤄지므로 매번 데이터 제공 동의 여부를 묻고 답하지 않아도 된다.

개인 정보 보호라는 원칙을 엄격하게만 해석해서 데이터 수집과 이용을 무조건 막으면 데이터 기반 디지털 서비스를 창출하기 힘들고, 또 한편으로 비공개 데이터 거래 시장에서 불법적으로 데이터 거래가 횡행할 위험이 있다. 오히려 안전하고, 신뢰할 수 있으며, 현명한 규제 가이드라인 안에서 움직이는 시장을 창출하는 것이 낫다. 데이터 경제를 활성화하기 위해서는 먼저 제대로 된 데이터 시장, 자유롭고 개방적이며 공정한 거래 규칙하에 돌아가는 데이터 시장이 필요하다. 또한 제대로 된 데이터 시장이 열리면 공급되는 데이터는 양과 질 모두가 향상된다. 현재 거대 디지털 플랫폼들은 가두리 양식장처럼 개인 데이터를 가둬두고 데이터 제공자에게 아무 보상도 하지 않는데, 이렇게 되면 데이터 제공자들은 양질의 데이터를 제공하기 위해 노력하거나 관련 역량을 계발하는 것은 부질없다고 여겨, "나는 열심히 데이터를 공급하는데 어째서 다른 사람들과 동일한 디지털 서비스를 제공받는가?" 하는 불만이 커질지도 모른다.

시장은 항상 실패할 위험이 있으므로 정부의 개입이 필요하다. 정부가 개인 정보를 보호하고 불법적인 데이터 수집 및 이용을 규제하는 것은 시장의 원활한 작동을 보호하기 위한 것이다. 개인 정보 보호라는 시장 규제적 해법은 데이터 거래 시장이라는 시장 친화적 해법과 동전의 양면처럼 이어져 있다. 잘 규제된 데이터 거래 시장은 데이터 제공자의 권리를 존중하고, 데이터 제공자와 수요자 사이의 거래 비용을 최소화하며, 혁신적인 다양한 서비스 창출을 북돋아 결과적으로 사회의 후생을 극대화할 것이다.

어떤 데이터 시장이어야 하는가?

데이터, 천연자원인가?

데이터 거래 플랫폼의 가능성을 알려면 데이터의 성격부터 고찰할 필요가 있다. 일반적으로 데이터를 "디지털 경제의 원유 crude oil"라고 보는 관점이 통용된다. 이러한 관점은 데이터가 일종의 천연자원이고, 누구든 먼저 발견한 자가 가져도 된다는 생각을 깔고 있다.

해외 및 국내 디지털 플랫폼 기업들도 '천연자원으로서 데이터data as resources' 관점을 전제하고 있다. 데이터는 마치 석유나 공기, 햇빛처럼 사방에 널려 있다는 것이다. 이는 자원 상태의 데이터는 가치가 없으며, 그것을 추출하고 가공해야만 비로소

가치가 형성된다는 믿음을 형성한다.

이러한 관점에서는 데이터 수집 행위는 널려 있는 공짜 자원을 거두는 것이므로 대가를 지불할 필요가 없다고 생각한다. 누구나 자유롭게 데이터를 분석하고 가공하여 활용하면 된다. 그래서 기업들은 공짜 이메일이나 공짜 SNS 계정을 퍼뜨려 가입자를 모으고, 가입자가 서비스를 이용하려면 제공해야 하는 개인 정보를 무차별로 수집했다. 사람들은 왜 온라인 홈쇼핑 사이트에 가입하기 위해 성, 연령, 주소 등의 정보를 일괄 제공해야 하는지, 또 나의 쇼핑 기록과 거래 기록까지 기업의 서버에 남겨야 하는지 의문을 가지지만, 정보 제공에 동의하지 않으면 서비스를 이용할 수 없기에 어쩔 수가 없다. 만약 우리가 햄버거 가게에 들어가 햄버거를 주문하는데 식당 주인이 종이를 주면서 나이, 성별, 주민번호, 주소, 연락처, 이메일을 적으라고 한다면, 고분고분 적어줄까? 햄버거를 안 먹으면 안 먹었지 따르지 않을 것이다. 그런데 디지털 플랫폼에서는 이런 일이 너무도 자연스럽게 벌어진다.

플랫폼 기업들은 이용자들의 데이터를 수집하는 대신 이용자들에게 이메일 등 무료 서비스를 제공하므로 등가교환인 것처럼 설명해왔다. 그러나 이 설명은 데이터 경제의 기대와 전망이 커질수록 받아들이기 힘들다. 데이터 경제의 기대치가 높아진다는 것은 플랫폼 기업들이 이용자에게 제공하는 서비스 가치보다 이용자로부터 수집하는 데이터 가치가 훨씬 크다는 것을 뜻한다. 플랫폼은 개인 데이터를 이용해 광고 수익을 올리고, 플랫폼에 진입하려는 사업자들에게 높은 수수료를 받으며, 축적된 데이터로 인공지능을 강화해 또 다른 수익원으로 삼는다. "데이터가 석유처럼 중요하다면서 데이터를 제공하는 우리 이용자가 받는 대가는 뭐냐?"라는 성난 질문이 나올 수밖에 없다. 여기에 더해 잊을 만하면 일어나는 개인 정보 유출 사건과 규제 당국의 솜방망이 처벌도 불신을 키웠다. 또 기업은 이용자로부터 무상으로 수집해간 데이터를 자기들끼리 거래하면서 추가 수익까지 올린다. 무상의 천연자원과 다름없다는 데이터를 일단 수집한 후 기업은 자신들의 데이터베이스에 넣고 사실상 재산권을 행사해온 것이다.

'천연자원으로서 데이터' 관점은, 데이터 경제가 발전하면서 데이터 제공자인 개개인에게도 그 대가를 되돌려달라는 비판에 부딪혔다. 데이터는 공짜 자원이 아니며, 데이터 제공자의 소유권을 명확히 설정해야 한다는 주장이 대두되었다. 그런데 이러한 요구는 기업 스스로의 필요성도 반영되었다. 데이터로 수익을 창출하기 위해서는 때로 다른 기업이나 기관으로 데이터를 이전하거나 외부의 다른 데이터와 결합해야 한다. 예를 들어 병원이 환자에게 얻은 질병·병리 데이터에서 민감 정보를 제외하고 가공하여 제약회사에 제공했는데 제약회사가 그 데이터를 참고해 신약을 출시해 이익을 보았다고 하자. 병원은 제약회사에 수익 배분을 요구하려고 할 것이다. 그런데 병원이 제약회사에 수익 배분을 요구한다면, 당연히 그 데이터의 원제공자인 환자도 수익 배분을 요구하는 것이 자연스럽다. 즉 데이터를 수집한 기업이나 기관이 데이터 활용의 수익을 안정적으로 분배받기 위해서라도 데이터에 대한 재산권을 명확히 설정할 필요가 생긴다.

노동으로서 데이터?

그래서 나온 입장이 '노동으로서 데이터data as labor' 관점이다. 이 관점은 데이터가 사방에 널린 천연자원이라는 입장을 비판하며, 데이터 제공의 주체가 개인이라는 것을 명확히 하자고 한다. 이 관점에서는 디지털 경제의 핵심인 데이터 제공을 일종의 노동이라고 본다. 데이터가 가치 창출의 원천이므로, 작업장이나 사무실 등 생산 현장에서 하는 작업만 노동이 아니라 소비 활동이나 SNS 활동 등 데이터를 생성하는 일도 모두 노동이라는 것이다. 인스타그램은 2012년 페이스북에 약 10억 달러에 인수되었는데, 당시 인스타그램의 운영자는 고작 12명이었다. 이 12명이 10억 달러의 가치를 전부 창출했다고 할 수 있을까? 인스타그램의 가치는 하루에 전 세계에서 5억 명이 1억 장씩 올리는 사진 없이는 만들어질 수 없다. 인스타그램 이용자들은 식당에서, 여행지에서, 공연장에서 사진을 찍어 올리며 인스타그램의 가치 창출에 기여하고 있다.

더욱이 개인들은 데이터를 제공함으로써 인공지능의 학습 재료를 공급한다. 그런데 인공지능이 강화되면 될수록 자동화가 가속되면서 인간의 일자리가 감소할 가능성이 커진다. 일본의 젊은 경제학자이자 AI 연구자 이노우에 도모히로는 2045년쯤에는 "실속 있는 직업으로 먹고살 만큼 수입을 얻는 사람은 인구의 10퍼센트 정도에 불과할 것"이라고 지적한다. 지금 사람들은 자기 일자리가 사라질 수 있는 위험을 감수하면서 데이터를 제공해 인공지능의 혁신에 기여하는 셈이다. 데이터를 노동으로 여기는 관점은 이런 점을 강조한다. 인공지능 혁신과 디지털 경제 발전을 위해서라도 일자리 감소와 소득 감소에 대한 대책이 필요하다. 데이터 생성에 참여한 개별 노동에는 적절한 보상이 돌아가야 한다. 그래야 사람들이 양과 질에서 더 나은 데이터를 공급하기 위해 지속적으로 노력할 것이고, 데이터에 기반한 경제도 꾸준히 성장 가능하다.

노동으로서 데이터를 보는 관점은 데이터 소유권이 개인에게 있다고 강조한다. 물론 데이터를 가공하는 기업들의 역할이나 기여를 인정하지만, 데이터를 이용해도 되는지 개인으로부터 명확한 절차에 따라 권한을 위임받고 나서야 기업의 역할은 이루어질 수 있다. 데이터를 노동으로 보는 관점은 개인이 기업에게 데이터를 제공한 후에도 데이터에 대한 최종적인 통제권은 물론 데이터 이용으로 창출된 수익에 대해 수익권을 가진다고 본다. 상업적인 목적으로 데이터를 수집, 분석, 가공하는 플랫폼 기업과 여타 기업들은 데이터를 제공하는 개인에게 보상할 의무를 진다. 글렌 웨일은 데이터 노동이 인정된다면 "연소득의 10퍼센트 정도는 개인 정보 노동의 대가로 얻게 될 것"이라고 추정한다.

그런데 '천연자원으로서 데이터' 관점은 '노동으로서 데이터' 관점을 이렇게 비판한다. 데이터는 차고 넘치지만 정작 중요한 것은 데이터 해석 능력과 연산 능력이다. 사람들의 데이터 자체에서 가치가 창출되는 것이 아니라, 기업이 데이터를 수집하여 가공하고 해석하는 과정에서 가치가 창출된다는 것이다. 그렇다면 개인들의 데이터 제공에 대한 보상은 이메일이나 SNS 계정 등의 기본적인 무료 서비스를 제공하는 정도면 충분하다. 데이터는 '빅데이터'로 모아놓으면 가치가 높아지지만 개개인의 데이터는 별 가치가 없다는 주장이다.

하지만 '노동으로서 데이터' 관점은 이러한 주장을 재반박한다. 머신러닝 방법의 등장과 함께 개별 데이터의 가치도 바뀌었기 때문이다. 많은 데이터를 수집하는 경우 하나하나의 개별 데이터는 큰 가치가 없다는 주장은, 머신러닝 이전에는 어느 정도

일리가 있었다. 만약 10만 가구가 사는 지역의 평균 소득을 측정한다고 하자. 표본을 10가구 정도 모아서는 측정에 신뢰성이 부여되기 힘들다. 일정한 규모가 되기까지는 개별 데이터 하나하나가 중요하므로 가치가 높다. 가구 표본을 1,000가구 정도 모았다면, 그 데이터에서 도출한 평균 소득은 상대적으로 신뢰할 만한 결론이 된다. 그렇다면 그 뒤에 추가되는 데이터는 결론의 정확도를 미세하게 높일 수는 있지만 결론의 질적 차이를 가져오지는 않는다. 1,000가구로 평균을 내나 1,005가구로 평균을 내나 비슷할 것이기 때문이다. 1,000가구의 데이터로 지역의 연평균 소득이 5,000만 원이라는 결론을 도출했다면, 1,005가구의 데이터로 평균 소득이 5,050만 원이라는 결론이 나오더라도 별 의미는 없다. 어느 정도 표본 규모에 이르기까지는 개별 데이터의 가치가 올라가지만, 그 이상 넘어가면 데이터 가치는 차이가 없다는 것이다. 데이터의 '한계가치 체감'이 나타나는 것이다.

하지만 이는 머신러닝 방법 이전의 현상이다. 머신러닝에서는 데이터가 쌓이면 쌓일수록 인공지능에게 질적으로 수준 높은 과제를 학습시킬 수 있다. 가령 기계 시각의 경우, 데이터가 충분히 쌓이면 인공지능은 인간을 다른 사물로부터 구별할 수 있다. 데이터를 더 제공해주면 능력은 더 정밀해져서, 사물 각각을 구분해내는 단계로 발전한다. 고차원적 능력으로 나아가는 것이다. 데이터 축적의 결과 인공지능이 사물 각각을 구분해내게 되면, 이제 행동을 이해하는 단계로 간다. 개와 고양이를 구분하는 정도를 넘어 달리는 개와 걷는 개, 애교 부리는 개와 경계하는 개를 구분하는 훨씬 더 어려운 과제에 도전하는 것이다. 이 단계를 통과하면 기계 시각은 사물을 파악하는 정도를 넘어 현장에서 벌어지는 행위의 의미를 이해하고 대처할 수 있다. 이는 인공지능 기반 서비스를 획기적으로 발전시킨다. 예를 들어 창고 경비 로봇은 자기에게 접근하는 인간이 창고를 털려는 것인지 길을 물어보려는 것인지 표정과 태도를 보고 판단하여 대비함으로써 훨씬 유능하게 업무를 수행할 수 있을 것이다.

이런 인식 작업은 고도의 정확도가 필요하다. 데이터를 통해 평균 소득을 측정할 때 정확도 90퍼센트 정도면 충분하다고 할 수도 있다. 하지만 도심에서 운전하는 로봇 자동차가 사물을 90퍼센트 정도 인식하면 승객을 태워도 충분하다고 이야기할 수 있을까? 인공지능 기반 서비스의 정확도를 높일수록 서비스 가치가 커진다. 개별 데이터가 하나라도 더 쌓여야 그 정확도를 단계별로 개선해나갈 수 있다. 그러므로 머신러닝에서 개별 데이터의 한계가치는 계속 증가한다. 데이터가 쌓일수록 더 어려운 과제 수행을 인공지능에게 학습시킬 수 있고 더 복잡한 서비스를 만들 수 있다. 데이터 노동을 강조하는 입장에서는 필요하다면 '데이터 노동조합'을 만들어야 한다고 말한다. "(거대 기술 기업은) 수요 독점을 이용해 데이터를 공급하는 사람들의 임금을 0으로 묶어두고 있다. 전 세계 데이터 노동자들이 단결하고 데이터 노동운동에 뛰어들어야 하는 시점"이 온다고도 한다.*
이미 그 시점이 왔는지도 모른다. 2018년 유튜브가 기업 약관을 동의 없이 변경해 일부 유튜버들의 생계에 피해를 주자 화가 난 독일 유튜버들은 노동조합을 조직했다. 유튜버 노동조합은 1년 만에 1만 6,000여 명의 회원을 모집했다.

데이터는 개인 자산이자 공공 자산이다

하지만 '노동으로서 데이터' 관점도 한계가 있다. 데이터를 생성하는 인간의 일상을 모두 노동으로 봐야 하는가? 사회적 생산방식의 변화 속에 노동의 개념이 과거와 달라진 것은 맞지만, 그렇더라도 자본주의 사회에서 노동은 일차적으로 고용 관계나 계약 관계에 속해 임금이나 수수료를 대가로 지불받고 노동력을 판매하는 행위이다. 여기에는 '자기 고용' 상태에서 일하는 자영업자의 노동도 포함된다. 가정주부처럼 고용이나 계약 관계에 속하지 않아도 다른 노동력의 재생산에 기여하는 '그림자 노동' 또는 '무보수 노동'도 있다. 즉 노동이란 고용 관계든

---

* 《래디컬 마켓》.

계약 관계든 다른 사회적 관계든, 일정한 타율적 제약 아래 타인을 위해 가치를 창출하는 행위이다. 그 사람이 노동하는 중에 만족감을 느낄 수도 있고 아닐 수도 있지만 그것은 노동의 본질을 규정하는 데 중요하지 않다. 일하는 조건을 내가 전적으로 정할 수 없고, 일을 함으로써 만족시켜야 하는 대상이 일차적으로 타인이라면, 그것은 노동이며 개인적 활동이 아니다.

노동의 의미가 이러하기에 노동은 다른 활동과는 구분된다. 퇴근 후 집에서 프라모델 장난감을 조립하는 게 취미인 사람은, 설령 서너 시간 꼼짝 않고 조립하느라 몸이 고되고 눈이 아프다고 해도 언제든 그만두고 싶으면 그만둘 수 있다. 그는 프라모델 조립을 화폐적 대가를 바라고 하지 않는다. 설령 조립 과정을 동영상으로 찍어 유튜브에 올렸더니 광고가 붙어 수익이 창출된다 하더라도, 그것은 부수적인 결과에 불과하다. 만약 그가 돈을 벌기 위해 조립을 해야 한다고 여기면 최초의 희열을 느끼지 못할 가능성이 크다. 이런 감정의 차이는 노동과 노동이 아닌 활동을 구분하는 것이 인간에게 중요하다는 걸 말해준다. 노동만큼이나 노동 외의 활동, 예를 들면 취미 활동이 인간성에서 큰 비중을 차지한다.

그런데 데이터 생성 활동을 모두 노동이라고 본다면 노동과 노동 아닌 활동의 구분이 사라져버린다. 동영상 스트리밍 서비스로 재미있는 영화를 보는 것이 영화 선택에 관한 데이터를 생성하는 것이고, 옷을 쇼핑몰에서 구매함으로써 거래 기록이라는 데이터를 생성하는 것은 맞다. 하지만 이 모든 것을 데이터 생성 노동이라고 하면 인간 삶을 채우고 있는 모든 것이 노동이 되어버린다. 분명 우리에게서 나온 데이터가 새로운 수익을 창출함에도 그에 따른 보상을 받지 못하는 것은 공정하지 않다. 하지만 그 불공정을 바로잡기 위해 데이터를 생성하고 제공하는 모든 행위를 노동이라고 규정해야만 하는 것은 아니다.

그렇다면 데이터는 천연자원인가, 노동인가? 데이터가 가진 이중적인 성격을 이해할 필요가 있다. 데이터는 개인의 연장이며 '인격의 표현'이다. 주소, 사회관계, 신체 상태, 경제 상태 등은 그 개인의 인격과 뗄 수 없는 정보다. 그런 의미에서 개인 데이터는 그 어떤 것이라도 고유성을 가진다. 그런데 데이터는 충분한 양이 모여 결합하면 질적으로 다른 그 무엇, 빅데이터가 된다. 빅데이터는 개별 정보의 단순한 합계 이상이다. 개별 정보로는 아무 가치가 없더라도 빅데이터를 이루면 중요한 가치가 형성되기도 한다. 빅데이터는 "누구의 성과로 확정되지 않는 '공통부共通富'이며 인간 활동으로 부단히 생산되고 갱신되는 '2차적 자연'"이다.* 이처럼 데이터는 고유성과 함께 사회성을

---

* 〈빅데이터 가치론과 공통부 기본소득〉(금민, 2019 기본소득포럼 발표문, 2019. 11. 29).

가진다. 데이터의 두 성격 가운데 무엇에 주목할 것인가는 데이터 경제에서 요구되는 맥락에 따라 달라질 것이다. 가령 의료 정보의 경우 각자의 고유한 데이터일수록 중요성이 높아진다. 맞춤형 정밀 의료 서비스^{PHS}를 창출할 수 있는 근거가 되기 때문이다. 제약회사는 암, 당뇨병, 우울증 등 질병을 앓는 사람의 데이터를 건강한 사람의 데이터보다 더 많이 원할 것이다. 반대로 전염병 발병 위험을 추적하는 공중보건 당국은 정책적 대응이 목적이므로 개별 데이터보다 빅데이터를 얻고자 한다. 한 사람이 감기 증세를 호소하는 것은 별 의미가 없다. SNS에서 많은 사람들이 감기를 호소하면서 일정한 양의 데이터가 축적되면 질병의 패턴을 읽어 대응에 나설 수 있다.

그러므로 데이터는 물이나 햇빛처럼 '주인 없는' 자원이 아니다. 데이터는 소유 주체가 존재한다. 그런데 그 소유의 성격이 이중적이다. 데이터는 개인의 자산인 동시에 공동 자산이다. 고유성 차원에서는 개인이 소유 주체지만 빅데이터에 대해서는 개개인이 소유권을 주장할 수 없다. 빅데이터는 공동의 소유, 곧 '커먼스^{commons}'다.

우리는 개인 데이터의 자기 주권과 빅데이터의 공공성을 연결해서 사고해야 한다. 이러한 관점에서, 데이터를 무료로 보아 제약 없이 수집하고 가공해서 이익을 독점해도 된다는 입장은 받아들일 수 없다. 반대로 모든 데이터를 개인 노동의 산물로 보아 그 데이터가 결합된 빅데이터의 사용까지도 개개인과 협상해야 한다는 시각 역시 받아들이기 힘들다.

데이터 거래 플랫폼의 두 방향

이러한 데이터 소유권의 이중적 성격은 데이터 시장을 설계할 때 반드시 유의해야 하는 점이며, 데이터 시장을 더 개방적이고 자유롭게 만드는 데 도움이 된다. 데이터가 이중적 성격을 가진다고 해서 데이터 주체인 개인이 별도의 인지적 부담을 가져야 할 필요는 별로 없다. 데이터를 필요로 하는 쪽에서, 활용하려는 데이터의 성격에 따라 개별 데이터 소유자와 협상할지, 빅데이터 관리 주체와 협상할지 정하면 된다. 예를 들어 제약회사에서 환자의 고유한 의료 데이터가 필요하거나, 온라인 쇼핑몰에서 소비자의 특정한 구매 데이터가 필요하다면 해당 환자나 해당 소비자에게 개별 데이터 제공을 요청할 것이다. 이때 개별 환자나 소비자는 자기 데이터의 소유자로서 데이터 시장에서 적절한 비용을 제시하는 수요자에게 데이터 사용권을 판매할 수 있다. 데이터 소유자는 블록체인 기반 스마트 계약으로 "어떤 데이터를, 어떤 목적으로, 얼마의 가격에, 언제부터 언제까지 사용하고 폐기할 것인지" 정할 수 있다. 한편 빅데이터는 공공 관리 플랫폼을 만들어, 빅데이터 활용을 원하는 기업은 이용료를 내고 활용하게 하고, 그 수익을 빅데이터 형성에 기여한 개인들에게 '데이터 배당금'으로 분배하는 방식을 택할 수 있다.

데이터를 개인의 자산인 동시에 공동 자산으로 보는 관점은 데이터 보호의 최신 기준인 GDPR과도 통한다. GDPR은 데이터 소유권을 직접 명시하지는 않았지만 '정보 주체로서 개인의 권리를 강화하는 방식'을 강조함으로써 데이터 주권 강화라는 방향을 분명히 했다. GDPR은 이전 개인 정보 보호법과 비교해 개인 정보의 처리 제한권, 개인 정보 이동권을 신설했고, 개인 정보를 모아 임의로 프로파일링하는 것을 거부할 권리, 데이터 삭제권('잊힐 권리')을 강화했다. 이용자가 '알고리즘 기반으로 이뤄진 자동화한 의사결정에 이의를 제기할 수 있는 권리'도 강화했다. 이것은 인공지능의 결정이 개인의 권리를 침해한다고 여길 시, 알고리즘이 그렇게 결정한 이유를 설명하라고 요구할 수 있는 권리다.

그러면서 GDPR은 '가명화'와 '익명화' 개념을 인정하여 빅데이터 활용의 길도 열어주었다. 가명 정보란 추가 정보를 결합하기 전에는 개인을 식별할 수 없는 정보이고, 익명 정보는 다른 정보를 결합해도 개인 식별이 불가능한 정보다. GDPR은 가명 정보는 개인 식별 정보를 철저히 분리해서 관리한다는 조건하에 공익적 목적(통계 작성, 연구, 기록 보존 등)에 한해 개인 정보 주체의 동의 없이 이용할 수 있게 했다. 또한 익명 정보는 적절한 기준을 통과하면 데이터 기반 서비스 창출을 위해 자유롭게 이용할 수 있도록 했다. 개인을 식별할 수 없도록 처리한 개인 정보를 빅데이터로 활용함으로써 데이터 경제 활성화가 가능하도록 한 것이다. 이처럼 GDPR은 개인 정보 보호와 활용의 양면 성격을 갖고 있다. 국내 데이터 경제의 규제 수립에도 참고 사항으로 적용되리라고 예상된다.

이런 점들을 고려할 때, 향후 데이터 거래 플랫폼은 두 가지 방향에서 형성될 것이다. 하나는 개인의 고유한 데이터 자산이 거래되는 플랫폼이다. 여기에서는 개인 정보 주체가 자신의 자율적인 판단에 따라 데이터를 제공하고, 데이터 가격 및 데이터 관리 조건을 제시하며, 그 데이터를 원하는 기업이나 기관은 제공자에게 가격을 지불하고 데이터를 구매한다. 데이터 제공자는 기업 또는 기관과 일대일로 협의하며 데이터 제공에 따른 보상을 지불받는다. 이 과정은 스마트 계약에 의해 자동적으로 처리되며, 데이터 사용권의 이전은 블록체인 시스템에서 안전하게 관리된다.

다른 하나는 비식별화 조치를 한 빅데이터를 관리하고, 이것의 이용을 원하는 기업이나 기관에게 제공하는 공공 빅데이터 플랫폼이다. 빅데이터를 이용하는 기업이나 기관은 공공 빅데이터 플랫폼에 사용료를 내며, 그 사용료 수익에서 공공 플랫폼의 관리와 기술 혁신을 위한 비용을 제외하고 나머지를 빅데이터를 구성하는 개별 데이터 제공자들에게 '기본소득' 형태로 분배한다. 이 소득 지급은 데이터 배당이라는 이름으로 불릴 수도 있다. 개인이 제공한 데이터가 빅데이터라는 공공 자산의 재료이므로, 그 개인들에게 수익을 배당하는 것은 자연스럽고 공정하다.

앞으로 인공지능이 인간 노동력을 대신하게 되더라도, 데이터에서 발생한 수익을 모두가 나누고 데이터 경제의 혁신은 가속화한다면, 우리는 노동의 위기를 자유의 기회로 바꿀 수 있을 것이다. 더 풍족하고 더 여유로운 삶은 가능하다.

블록체인 기반 데이터 플랫폼이 온다

데이터 플랫폼, 이렇게 작동한다

가까운 미래. 아침에 화장실에서 소변을 보면 양변기의 측정 센서가 내 건강 데이터를 확인해 데이터 플랫폼에 올린다. 플랫폼에는 이미 내 나이·성·신체 조건과 관련된 데이터를 찾는 의료기관과 제약회사의 데이터 구매 요청이 들어와 있다. 데이터는 스마트 계약에 따라 의료기관과 제약회사로 전송되고 나의 암호지갑에는 디지털 토큰이 입금된다. 출근길, 내가 탄 스마트 카는 달리면서 도로 상태와 교통 상황을 실시간으로 파악해 교통 통제 시스템 및 그 정보를 필요로 하는 다른 운전자에게 알려준다. 기온이 갑자기 떨어져서 도로 군데

군데 얼음이 얼어 미끄러운데, 내 차는 파악한 노면 데이터를 전송하고, 이 데이터를 활용하는 주변 차들은 자동으로 내게 토큰을 지급한다. 퇴근하고 집에 온 나는 TV에서 동영상 스트리밍 서비스에 접속해 좋아하는 예능 프로그램을 본다. 최신 회를 다 보고 아쉬워서 이전 회까지 찾아 다시 보는데, 나의 프로그램 선정 패턴 데이터와 화면을 보는 내 표정 인식 데이터는 역시 스마트 계약을 거쳐 동영상 스트리밍 서비스 기업으로 간다. 내게는 약정으로 정해진 액수의 토큰이 돌아온다. 이제 공장은 일정한 크기의 건축 구조물만을 뜻하지 않는다. 내 집, 내 차 그리고 나 자신이 곧 부가가치가 창출되는 공장이다.

위의 사례들은 블록체인 기반 데이터 거래 플랫폼이 어떻게 작동하는지 보여준다. 한편에는 데이터 제공자가 있고, 다른 편에는 데이터 수요자가 있다. 데이터 제공자는 모바일, 가전제품, 신체 부착 장치(웨어러블 디바이스), 인공지능 스피커, 자동차 등 각종 장치를 통해 수집된 자신의 데이터를 거래 플랫폼에 올린다. 이때 제공자는 데이터 사용 조건을 스마트 계약에 포함한다. 데이터 수요자는 광고업체, 이커머스, 금융업체, 제조업체, 유통업체, 신용 평가 기관, 공공기관 등 다양한 기업이나 기관이 될 수 있다. 데이터 수요자는 자신들이 필요한 데이터가 무엇이고 어떤 조건으로 구매하려고 하는지 명시한 구매 요청을 플랫폼에 넣는다. 데이터 제공자와 수요자가 합의해야 하는 조건은 '데이터를 무슨 목적으로(연구, 통계자료 작성, 마케팅 등) 사용할 것인지' '언제부터 언제까지 사용하고 폐기할 것인지' '얼마를 지불할 것인지' 등이다. 플랫폼은 데이터 제공자의 판매 조건과 일치하는 구매 요청을 자동으로 매칭한다. 쌍방의 조건이 맞더라도 법규상 위법 요소가 있는 거래 요청은 플랫폼이 자동으로 걸러낸다. 법적 문제가 없는 한 합의된 데이터 사용 조건은 스마트 계약에 따라 엄격하게 이행되며, 사용에 따른 보상은 즉각 데이터 제공자에게 암호토큰으로 지불된다. 데이터 거래 내역은 블록체인에 기록되어 언제든 검증 가능하다.

법제도가 정비되면 빠르게 등장할 것으로 보이는 데이터 거래 플랫폼이 건강 데이터 플랫폼이다. 의료산업은 환자 개개인을 위한 맞춤형 정밀 의료 제공에 초점을 맞춰 발전하고 있다. 그런데 맞춤형 정밀 의료를 제공하려면 유전자, 생활환경, 습관, 진료·치료 이력 등 환자의 많은 개인 정보를 수집하고 분석해야 한다. 하지만 의료 개인 정보는 특히 민감 정보로 분류되어 아예 가명화 처리 대상도 되지 않는 경우가 많다. 그래서 현재는 개인정보보호법과 의료법으로 의료 데이터의 수집과 활용을 제한하고 있다.

환자들의 입장에서, 이런 정보들이 유출되어 사회적으로 불

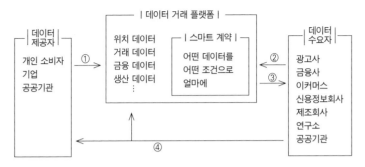

① 개인·기업·기관이 자신의 데이터를 스마트 계약과 함께 제공
② 데이터 구매 요청
③ 스마트 계약에 따라 조건에 맞는 데이터 공급과 수요가 자동 매칭 후 데이터 제공
④ 데이터 사용 수수료 지불

● 데이터 자산 거래의 구조.

이익을 당하지 않을까 하는 두려움이 큰 것은 당연하고 중요하게 고려되어야 한다. 하지만 환자들의 고통을 덜어줄 더 나은 치료법을 찾으려면 더 많은 데이터 활용이 필요하다. 국내 최초로 길병원에서는 의료 인공지능인 IBM의 왓슨을 활용한 암 진단 시스템을 운영하고 있는데, 왓슨에게 개인 정보를 최대한 많이 학습시켜야 더 정확한 진단이 가능하지만 데이터 활용 규제로 인해 시스템 개선이 쉽지 않다. 우리나라는 국민건강보험이라는 좋은 제도 덕에 방대한 개인 의료 정보가 확보되어 있으나, 데이터의 활용은 매우 제한적으로만 이뤄지고 있다. 세계에서 가장 우수한 인공지능 의사를 만들 잠재력을 가지고도 실현

하지 못하고 있는 이유다. 이때 블록체인 기반 건강 데이터 거래소가 해결책이 될 수 있다.

환자는 블록체인에 자신의 건강 정보를 이러저러한 조건에서 제공한다는 스마트 계약과 함께 올려놓는다. 민감 정보일수록 정확히 어떤 정보를, 누구에게, 얼마에 제공할지, 그리고 언제 폐기할지 구체적으로 확정해야 한다. 당뇨병 환자라면, 그의 병원 진료 데이터, 손목밴드 등 신체 부착 장치를 통해 체크한 혈당·혈압·스트레스 상태와 같은 일상 데이터가 의료기관이나 제약회사에 제공된다. 의료기관과 제약회사는 새 의약품을 개발하거나 인공지능 진단 시스템 또는 맞춤형 정밀 의료 시스템을 만드는 데 환자의 데이터를 활용한다. 환자에게는 데이터를 제공한 데 대한 보상으로 '헬스 코인'이 지불된다. 환자는 헬스 코인을 병원 진료비로 사용할 수 있고, 건강이 좋아지면 남은 헬스 코인을 팔 수도 있다. 환자는 자신의 건강 데이터를 헬스 코인을 매개로 더 나은 진료 서비스와 교환하는 것이다. 헬스 코인은 환자의 '건강지갑'에 담긴다. 건강지갑은 헬스 코인과 함께 환자 개인의 건강 기록과 진료 기록도 담을 수 있는 스마트폰 전자지갑이다. 환자가 갑자기 응급 상태가 될 때, 스마트폰 전자지갑을 열면 신분증, 건강 기록, 의료 기록, 돈(헬스 코인) 등을 함께 사용할 수 있다. 신원 확인, 진료, 처방, 지불을 원스톱으로 해결하는 것이다.

블록체인 기반 건강 데이터 플랫폼

● 블록체인 기반 건강 데이터 거래 구조.

5G 통신 기술과 함께 사물인터넷 시대가 다가오고 있다. 사물들을 연결시켜 데이터를 주고받으면 생활의 편리성과 비즈니스 수익이 함께 증진된다. 인터넷과 연결된 냉장고를 생각해보자. 우리 동네의 편의점 주인은 동네 사람들이 냉장고를 자주 여는지, 냉동고를 자주 여는지 알고 싶어한다. 그 정보에 따라 편의점의 제한된 진열 공간에 냉동식품을 더 갖다놓을지 냉장식품을 더 갖다놓을지 결정한다면 수익을 제고할 수 있기 때문이다. 소비자가 냉장고 이용 정보를 자발적으로 데이터 플랫폼에 올려 거래한다면, 편의점 주인은 원하는 데이터를 얻어 수익을 높이고, 소비자는 데이터 제공에 따른 보상과 함께 더 편리한 쇼핑 기회를 얻는다. 생활의 편익을 위해 나의 분신과 같은

데이터에 대한 통제권을 잃어버리거나, 데이터 보호의 가치만 강조하며 생활의 편익을 향상시킬 기회를 잃어버려야 할까? 데이터 거래 플랫폼을 통해 소비자가 데이터 주권을 지키고 편익도 향상시키면 어떨까.

데이터 플랫폼은 필요에 따라서는 '납세 플랫폼'이 될 수도 있다. 정부가 아예 세금 일부를 화폐가 아니라 데이터로 납부하도록 한다면 말이다. 가치 있는 데이터는 정부 정책에 화폐보다 더 필요할 수도 있다. 데이터 세금은 개인보다는 기업에 적용하는 게 효과적일 수도 있겠다. 기업은 비록 보유한 빅데이터를 공공 목적을 위해 공유해야(정부에 납부해야) 하지만 세금을 아껴 연구 개발에 더 쓸 수 있으니 긍정적으로 검토할 만하다. 게다가 데이터는 공유한다고 해서 스스로 활용하지 못하는 것은 아니니 기업과 공공이 모두 이익이다.

자동차 제조 기업은 자동차 센서에서 생성된 익명의 데이터를 공개할 수 있다. 정부는 이를 이용하여 특히 위험한 도로를 찾아내 안전성을 개선할 수 있을 것이다. 이와 유사한 방법을 사용하여 농장과 슈퍼마켓에서 수집한 피드백 데이터를 이용하여 식품의 안전성을 향상시킬 수 있다. 온라인 학습 플랫폼에서 나오는 피드백 데이터를 사용하면 공공 교육 부문의 의사결정력을 향상시킬 수 있으며, 거래에 사용된 의사결정 지원 데이터는 시장의 거품을 예측하는 조기 경보 시스템에 재사용할 수 있다.

_《데이터 자본주의》*

데이터 거래소의 사례**

외국과 우리나라에서 데이터 거래소 설립 움직임이 활발하다. 일본에서는 민간기업이 보유한 데이터를 사고파는 데이터 거래소가 2018년 10월 문을 열었다. 히타치, 후지쓰 등 59개 민간기업과 단체들이 데이터유통추진협의회를 구성하여 데이터 거래소에 참여하고 있다. 데이터 거래 서비스업체인 에브리센스재팬이 데이터유통추진협의회 사무국 역할을 하면서 데이터 거래소 플랫폼의 운영을 맡는다. 어떤 데이터가 거래소에서 팔리는가? 예를 들어 일본 최대 여행사인 JTB는 일본 내에서 외국어 사용 환자 응대가 가능한 의료기관, 외국 신용카드를 사용할 수 있는 현금자동지급기의 위치 정보 등을 이 데이터 거래소에서 판매한다. 이 정보를 구입하려는 업체는 거래소 플랫폼에서 가격을 협상하여 결제한다. 지금껏 JTB는 보유한 관광 정보

---

* 빅토어 마이어 쇤베르거·토마스 람게, 홍경탁 옮김, 21세기북스, 2018.
** 〈데이터 플랫폼 규제와 개인 정보 거래소〉(조혜경)와 언론 보도를 참고했다.

를 수요자에게 비공개로 판매해왔는데, 공개 데이터 거래 시장이 생기면서 데이터 수요와 매출이 증대될 것을 기대한다.

　데이터 거래소에서는 비식별 처리를 거친 개인 정보도 거래될 예정이다. 가령 자동차 주유를 어느 정도 주기로, 얼마나 했는지 등의 정보로 이루어진 자동차 연비 데이터는, 본인의 동의를 얻어 개인을 특정할 수 없도록 가공하여 판매된다. 자동차보험 업체는 이를 구매하여 운전 습관 빅데이터를 분석한 다음, 보험료 차등화 서비스 등 새로운 상품 개발에 활용할 수 있다. 또 일본 정부는 민간에서 점점 늘어나는 데이터 거래를 지원하기 위해 정보 주체로부터 개인 정보를 넘겨받아 그것이 필요한 기업에게 판매하는 '개인 데이터 은행'을 설립할 계획이다. 일본 정부는 개인 데이터 은행에 보관된 데이터들이 민간기업이 설립한 데이터 거래소에서 거래되도록 하려고 한다.

　2015년 스위스에서는 건강 데이터 플랫폼인 '마이데이터 협동조합'이 설립되었다. 이 플랫폼의 기술 측면은 취리히 공대와 베른 전문대가 공동 개발해 지원했다. 마이데이터 협동조합은 공익 목적의 데이터 커먼즈를 표방하며, 의학 연구 발전과 시민 건강 증진이라는 공익적 목적하에 시민에게서 건강 정보와 의료 정보를 수집하여 이를 원하는 업체에 제공하는 비영리 플랫폼이다. 스타트업, IT 서비스업체, 연구소 등과 협업하여 데이터 기반 서비스 앱이나 데이터를 수집·분석하는 앱을 만들어 이용자들에게 제공하고 있다. 데이터 플랫폼을 통한 개방적 혁신 생태계의 창조를 추구하는 것이다. 마이데이터 계정 보유자들은 의학 연구 기여라는 공익적 목적에 동의해 자신의 건강·의료 정보를 제공하며, 협동조합에 조합원으로 가입해 플랫폼을 민주적으로 운영하는 일에도 참여한다.

한국은 정부가 개인 데이터 거래소의 설립을 주도하고 있다. 2019년 6월 3일 금융위원회는 '안전한 데이터 활용과 디지털 경쟁·혁신을 위한 금융 분야 빅데이터 인프라 구축 방안'을 발표했는데, 여기에 '개방형 데이터 거래소 구축'이 포함되었다. 금융권을 포함해 통신·유통 등 여러 분야의 산업이 데이터 거래 플랫폼 구축에 참여한다. 한편 금융 분야 데이터 거래소도 설립되었다. 현재 신용정보원은 5,000여 개 금융회사로부터 4,000만 명의 신용 정보를 모아 집중 관리하고 있다. 신용정보원은 보유한 개인 금융 정보를 비식별 처리하여 핀테크 기업, 금융회사, 교육기관 등이 활용할 수 있는 금융 데이터베이스인 '크레디비CreDB'를 만들었다. 데이터 수요자는 크레디비에 접속하여 데이터를 분석하고, 그 결과물을 반출해 활용할 수 있다(데이터 자체를 반출할 수는 없다). 신용정보원은 데이터 수요자와 공급자를 연결하는 중개 기능도 하지만 데이터 가격 체계를 마련하고 데이터 거래 방식을 표준화하는 노력도 하고 있다.

한편 경기도는 지역 화폐 데이터 거래를 통해 발생한 수익을 도민들에게 지역 화폐로 되돌려주는 '데이터 배당' 시스템 구축을 2019년에 완료하고, 2020년부터는 배당을 지급한다. 경기도는 공공과 민간의 빅데이터를 망라한 '경기도 빅데이터 분석 플랫폼'을 구축하고 있다. 이 플랫폼에서는 개인 정보를 익명화한 데이터를 연구소, 학교, 기업 등 데이터를 필요로 하는 곳에 제공하고 새로운 수익을 창출한다. 경기도 빅데이터 분석 플랫폼을 바탕으로 하는 데이터 배당 시스템은, 경기도민이 사용한 지역 화폐 데이터를 수집하여 비식별 정보로 가공한 뒤 연구소, 학교, 기업 등 데이터 수요자에게 판매하고 그 수익을 지역 화폐를 사용한 도민 모두에게 균등하게 나눠준다. 경기도는 이번에 시작하는 데이터 배당 시스템이 '세계 최초'라는 점과, 데이터 수익을 제공자에게 환원하는 '데이터 선순환 체계'를 구축함으로써 데이터 경제의 패러다임을 연다는 의미를 강조한다.

경기도에 따르면 거래 정보는 성별·연령대·상품·주간 결제액·가맹점 등의 정보를 알 수 있어 경제 효과 분석 등을 위한 자료로 유용하지만 비식별 정보로 가공해 생년월일이나 전화번호 같은 개인 정보는 철저히 배제된다. 예를 들어 '부천시 상동에 사는 30대 남성이 부천시 부천동에서 점심을 한식으로 많이 먹는다' 정도가 된다. 이응준 경기도 데이터정책과장은 "가령 상동에 30대가 한 명밖에 없다면 2·30대로 묶는 방식으로 범주화해 절대 식별 불가능하게 활용할 계획"이라고 밝혔다. 가맹점은 구체적인 상호가 아니라 범주별로 코드화되어 특정 개인이 특정 가게에서 무엇을 샀는지 알 수 없다. 경기도는 2020년 1월 중 처음으로 데이터 판매 수익을 배당할 계획이다. 이웅준 과장은 "개인 정보를 제외했기 때문에 누가 어느 정도 기여했는지 알기 어렵다"며 "기여의 비례성을 파악하는 것 자체가 개인 정보를 침해하는 역추적이 될 수 있어서 지역 화폐를 사용한 모두에게 균등하게 배분하는 것이 데이터 배당의 기본 방침"이라고 밝혔다.

_〈경기도 '데이터 배당제' 순항할까〉*

블록체인 기반 데이터 플랫폼이 자리 잡으면 개인은 자신의 고유한 데이터를 안전하게 보호하면서도 개별 데이터 판매 수익, 빅데이터 활용에서 나오는 데이터 배당을 받을 수 있다. 이는 데이터를 무상의 천연자원으로 보는 관점에 비해 진일보한 것이며, 노동으로 데이터를 보는 관점이 놓치고 있는 빅데이터 공동 자산에 대한 공동의 권리도 포함한다는 점에서 한층 공정

---

* 주영재 기자. 주간경향 1359호. http://weekly.khan.co.kr/khnm.html?mode=view&dept=114&art_id=201912271605171. 2020년 2월 중순 현재, 경기도는 2월 중에 배당을 실시한다고 공지한 상태다.

해지는 것이다. 데이터 자산 거래 플랫폼과 빅데이터 공공 관리 플랫폼이 안정적으로 구축된다면 데이터에 바탕을 둔 인공지능 혁신도 빨라진다. 데이터 경제가 보다 공정하고 한층 생산적으로 진화한다.

> 5장 <

새로운
비즈니스 기회를
잡아라

디지털 자산시장, 세 가지 비즈니스 기회

새로운 비즈니스 기회, 어떻게 찾을까?

디지털 경제에서 부의 미래는 디지털 자산시장의 전망에 달렸다. 현재 각국 정부, 기업, 혁신가들은 디지털 자산시장의 메인 플레이어가 되고자 서둘러 뛰어들고 있다. 디지털 자산시장은 빠르게 확대되는 추세다.

증권토큰 발행, 곧 STO의 규모는 2017년에 전 세계 100억 원 수준이었으나 2018년 3,700억 원으로 늘었다. 체인파트너스 연구소는 전 세계 디지털 자산시장이 2030년에 약 2,400조 원 규모로 커질 것이라고 추정한다. 선진국 정부들은 암호화폐 발행, 곧 ICO는 규제하지만 STO는 허용하거나 허용을 검토하는 분위기다. 암호토큰을 화폐로 인정하기에는 법정통화와의 관계, 투자자 보호 등 여러 문제가 있지만, 자산이나 증권으로 보면 기존의 자본시장법과 증권법의 규제를 기본적으로 적용하면 되기 때문이다. 각국은 STO를 제도화하기 위해 기존 법률을 활용하면서 보다 세부적인 규제를 마련하는 중이다.

디지털 자산시장이 본격적으로 열리면, 그 안에 새로운 비즈니스 기회가 출현할 것이다. 그 기회를 어떻게 찾을 것인가? 스타트업부터 대기업까지 비즈니스 세계 구성원들의 관심사는 바로 이것이다. 특히 금융업의 고민이 크다. 자산 거래의 내용, 방식, 주체가 모두 바뀌고 있기 때문이다. 결론부터 말하면, 디지털 자산시장에서 '부의 가치사슬'에 주목해야 한다.

2030년, 서울의 민규 씨는 개인 투자 컨설턴트가 소개한, 새로 출시된 '카퍼 코인copper coin'에 마음이 끌린다. 카퍼 코인은 최근 남북한 경제 협력이 증대하는 분위기 속에서 한국 기업과 중국 기업이 합작하여 북한 양강도 구리 광산을 개발하기로 하면서 출시된 '자원 기반 증권토큰resources based security token'이다. 구리 광산 개발을 진행하는 한·중 기업 컨소시엄은 개발 자금을 확보하고자 구리 매장량과 수익성에 기반하여 카퍼 코인을 발행했다. 토큰 발행은 공신력 있는 토큰 발행사가 위탁받아 진행했다. 민규 씨는 이전에도 여러 차례 정보를 얻은 적이 있는 자산 평가사의 토큰 가치 평가 보고서를 꼼꼼히 읽은 후 카퍼 코인에 투자 가치가 있다고 판단한다. 코인의 가치가 안정적으로 오를 것이라고 예상되며, 장기적으로 코인 보유자는 자원 개발에 따른 수익 배당도 얻을 수 있기 때문이다.

민규 씨는 바로 휴대폰의 디지털 지갑을 탭해서 열고, 지갑에 저장해둔 이더로 토큰 거래소에서 원하는 양의 카퍼 코인을 구매한다. 디지털 지갑에서 이더가 줄고 교환 비율만큼 카퍼 코인이 채워진다. 민규 씨의 지갑은 토큰 구매와 동시에 자동으로 민규 씨의 신원을 확인하는 탈중앙 신원 인증Decentralized Identifier, DID 기능이 있어서, 민규 씨가 따로 거래소에 자기 신원을 인증할 필요가 없다. 만약 이전 거래 내역이 수상하다든가 하면 지갑에서 송금 자체가 안 되기 때문이다.

예전의 암호화폐 거래소는 지금의 거래소와 다르게 거래소에서 직접 고객들의 토큰을 모아 관리하다가 해커들에게 수십억 원에서 수백억 원까지 토큰을 탈취당하는 일도 있었다. 그러나 요새는 거래소가 말 그대로 토큰 거래만 안전하게 관리하며, 개인 보유 토큰은 각자의 전자지갑에서 철저히 보관되기 때문에 거래소 해킹은 옛말이다. 하지만 민규 씨는 카퍼 코인을 장기 보관할 생각으로 암호은행의 위탁 보관 서비스custody service를 이용하기로 하고, 자신의 전자지갑에서 주로 거래하는 암호은행 계좌로 카퍼 코인을 송금한다. 민규 씨는 개인 자산 관리 담당자로부터 '맡겨놓은 카퍼 코인을 담보로 원화를 대출받아 추가로 다른 토큰에 투자해보라'는 메일을 받고, 고민해보겠다고 답장을 보낸다.

가상 사례에서 디지털 자산시장이 어떤 가치사슬로 연결되어 있는지 유추해볼 수 있다. 우선 실물 자산이나 데이터 자산의 가치가 객관적으로 평가되어야 한다. 그다음, 자산을 담보로 디지털 토큰이 발행되어야 한다. 발행된 토큰은 토큰 거래소에서 안전하고 수월하게 거래될 수 있어야 한다. '자산 평가–토큰 발행–토큰 거래' 중 어느 하나라도 빠지면 가치사슬은 끊어지고, 디지털 자산시장은 제대로 작동할 수 없다. 그리고 그만큼 중요하기에 이 가치사슬의 각 부분에서 핵심 비즈니스 기회가 생겨난다.

디지털 자산시장, 부의 가치사슬에 주목하라

디지털 자산시장의 가치사슬에서 세 가지 핵심 비즈니스 기회가 생겨난다.

- 디지털 자산 평가 비즈니스

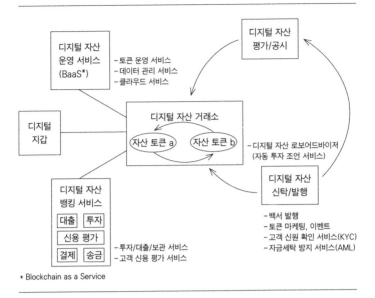

● 디지털 자산시장의 가치사슬.

- 디지털 자산 발행 비즈니스
- 디지털 자산 거래 비즈니스

디지털 자산 평가 비즈니스

주식시장에는 증권사 애널리스트들이 작성한 주식 평가 보고서들이 넘쳐난다. 주식 투자자들은 수많은 전문 보고서들을 검토하고 투자에 도움을 받는다. 하지만 디지털 토큰 시장에는 전문적이고 명쾌한 자산 토큰 평가 보고서가 거의 없다. 디지털화할 자산의 가치를 평가하는 작업이 매우 어려운 일이기 때문이다. 역으로 말하면 이것은 매우 좋은 비즈니스 기회이다.

앞으로 형태와 양상이 다양한 자산들이 디지털화될 것이다. 부동산, 천연자원, 주식, 문화 콘텐츠, 데이터 등 가치 있는 자산들의 소유권이 블록체인에서 토큰 형태로 거래된다. 그런데 자산을 토큰화하려면 자산의 미래 가치를 올바르게 반영해 현재 가치를 객관적으로 평가해야 한다. 개중에서 눈에 보이는 자산인 부동산, 금, 은, 석유 등은 현재 주식시장이나 투자시장에서도 거래되는 것으로, 이미 가치가 어느 정도 분석되어 있다. 그 분석된 가치를 기반으로 토큰화하면 되므로 그나마 쉽다. 하지만 보이지 않는 자산인 데이터, 콘텐츠, 지적재산권 등은 정확히 평가하거나 분석하기가 결코 쉽지 않다.

예를 들어보자. 내가 오늘 하루 이동한 기록을 담은 위치 정보는 얼마의 가치를 가지고 있는가? 내가 강릉으로 가족 휴가를 가서 오징어 물회 한 그릇을 먹었다는 소비 정보는 얼마에 거래되어야 적당한가? 그 정보들은 앞으로 1년 후 또는 10년 후에는 얼마의 가치가 될 것인가? 데이터의 묶음인 이 책에서 한 챕터의 가치는 얼마이고, 만약 전자책에서 이 챕터만 분리해 판다면 얼마를 받아야 하는가? 내가 맛과 향에서 독보적인 커피 추출법을 개발해서 특허를 얻었다면, 그 특허를 토큰으로 만들어 거래소에 상장하고자 할 때 특허가 미래에 벌어들일 수익은 어느 정도이며, 그래서 토큰 하나의 가격은 얼마로 매겨야 하는가? 정부가 탄소 배출량 절감을 위한 자전거 타기 운동을 벌이면서 토큰으로 인센티브를 주고자 할 때, 시민 한 사람이 자전거를 이용함으로써 환경보호에 기여한 가치를 어떻게 평가해 토큰화할 것인가? 또 토큰 가격을 얼마로 해야 자전거 타기가 활발히 일어날 것인가?

이에 대답할 수 있는 실력 있는 디지털 자산 평가 방법과 평가 전문가들이 필요하며, 점점 수요가 커질 것이다. 자산 토큰화를 하려는 쪽도, 토큰을 구매하고 투자하려는 쪽도 객관적인 평가 정보를 절실히 원하기 때문이다. 디지털 자산시장에서 부를 누가 차지하느냐는 얼마나 자산을 많이 보유했느냐 또는 얼마나 비싼 자산을 보유했느냐가 아닌, 자산 거래를 원활하게 해줄 서비스 역량을 누가 가지고 있느냐로 결정될 확률이 크다.

디지털 자산 발행 비즈니스

디지털 자산 발행 비즈니스는 다시 두 부분으로 나뉜다. 실물자산의 신탁과, 신탁된 자산을 근거로 디지털 토큰을 발행하는 일이다. 자산을 담보로 채권을 발행하거나 수익증권을 발행하고 이를 다시 토큰으로 발행할 수도 있다. 방법은 국가별, 비즈니스별로 적용되는 법규에 따라 다르다.

민규 씨의 가상 일화로 살펴보면, 구리 광산 개발의 가치를 평가 기관이 평가하고 신탁기관이 신탁을 받은 다음, 자원 가치를 담보로 토큰 발행이 이루어지는 것이다. 부동산의 경우, 보유자가 신탁기관에 부동산을 위탁하면 기관은 전문 평가사에 의뢰해 부동산 가치를 평가하고, 토큰 발행사에 부동산 기반 증권토큰 발행을 요청한다. 토큰 발행사는 부동산의 자산 가치에 기반해 토큰의 액면 가치와 발행량을 정하여 블록체인에서 발행한다. 앞에서 본 카사코리아가 제시하는 부동산 수익증권 유통 플랫폼 모델이 이와 같다. 건물주는 신탁회사에 부동산 처분을 신탁한다. 신탁회사는 KEB하나은행, 한국토지신탁, 한국자산신탁 등이 공동 관리한다. 신탁회사는 신탁받은 부동산 가치를 근거로 부동산 유동화 수익증권을 발행하고, 토큰 발행사는 수익증권을 디지털 수익증권토큰으로 만든다. 카사코리아는 이 증권토큰을 투자자에게 판매하고, 투자자로부터 판매 대금을 받아 신탁회사 및 건물주와 나눈다.

그런데 비트코인과 그 외 여러 암호화폐와 달리 증권토큰은 실제 자산이라는 담보가 필요하다. 토큰과 자산을 연결하는 '페깅pegging'을 해야 하고, 이를 법적으로 믿을 수 있어야 한다. 금을 기반으로 토큰을 발행했다고 하는데 사실은 금을 가지고 있지 않거나 금의 소유권을 신탁받은 일도 없다면 사기다. 그래서 자산 기반 토큰화, 즉 STO는 적절한 규제가 이루어져야 한다. 자산을 실제로 담보하고 토큰을 발행하는지, 담보한 자산을 믿을 수 있는 곳에서 보관하고 있는지 확인해야 한다. 금융 당국 또는 믿을 수 있는 위탁 서비스업자가 믿을 수 있는 방식으로 이 과정을 점검해야 한다. 블록체인에서의 거래는 탈중앙 방식으로 이뤄지지만, 블록체인에 자산을 올리기 전까지의 과정에서 일정 부분은 어쩔 수 없이 국가나 제3자가 개입할 수밖에 없다.

디지털 자산 거래 비즈니스

지금의 암호화폐 거래소와 비슷하다. 하지만 증권토큰은 지급 결제 토큰이나 이용권 토큰과 달리 투자 자산이므로 여러 금융 관련법을 지켜야 하는 의무가 부과될 것이다. 관련 법률에는 자본시장법, 전자금융거래법, 금융실명거래 및 비밀보장에 관한 법률 등이 포함된다. 앞으로는 특정금융거래정보법(특금법)에 따라 고객 신원 확인[KYC]이나 자금세탁 방지 의무도 부과될 가능성이 크다. 이러한 것들을 구현하는 시스템을 확보해야 디지털 자산 거래소가 안정적으로 운영될 수 있다.

또한 완전한 탈중앙 거래를 실현해내는 것도 거래소 혁신의 과제이다. 지금의 토큰 거래소는 블록체인의 취지와 맞지 않게 철저히 중앙 관리 방식이며, 고객의 암호토큰을 직접 보관하고 있는 바람에 종종 해킹으로 고객의 재산을 날리기도 한다. 또한 아직 블록체인에서 실현할 수 있는 거래 속도가 느려 현재까지는 중앙화된 거래소가 불가피한 면이 있었다. 그러나 기술 혁신을 통해 토큰 거래소에서 토큰 보관 기능을 떼어내고 거래 지원에 집중하는 플랫폼으로 만든다면, 거래의 신뢰성이 제고되면서 세계의 자산 거래가 그 플랫폼으로 몰려들어올 것이다. 효율적인 스마트 계약 기능으로 거래 자동화를 이루고, 부동산, 천연자원, 데이터, 콘텐츠, 지적재산권, 기업 주식, 탄소배출권 등 다양한 자산 토큰 거래를 효율적으로 지원하는 거래소가 나온다면 그곳이 글로벌 자산시장으로 들어서는 입구가 된다. 현재 스위스, 홍콩, 싱가포르 등 금융 선진국들은 이 입구가 되기 위한 노력으로 치열하다. 암호화폐 발행 사업을 공식적으로 등록하고 허가하여 법의 테두리 안에서 운영하며 그 결과를 모니터링하고 있다. 미래 금융시장을 선점하기 위한 것임은 두말할 필요도 없다.

2017년 말, 암호화폐 투자가 뜨거울 때 우리나라 거래량은 세계 3위였다. 우리나라가 2018년 세계경제포럼의 금융 순위 평가에서 15위를 한 것에 비해서도 대단한 잠재력을 보여준 것이다. 우리의 잠재력을 끌어내어 미래 디지털 경제의 축인 디지털 자산 거래소를 잘 성장시킨다면 전 세계 자산이 우리나라 거래소 플랫폼에서 거래될 것이다. 한국이 미국의 부동산, 중동의 석유, 남미의 광물, 중국의 농산물, 유럽의 지적재산권이 모이고 지나가는 부의 우주정거장이 되는 것이다. 이 우주정거장에

드나드는 사람들에게 1퍼센트의 수수료만 받더라도 미래 부의 주인은 한국이 될 것이다.

가치사슬에서 앞서고 있는 플레이어들

가치사슬에서 주도적 위치를 차지하기 위해 골드만삭스나 IBM 같은 주요 플레이어들은 발 빠르게 움직이고 있다. 골드만삭스는 금융산업의 오랜 선두주자 경험을 바탕으로 가치사슬의 각 연결고리인 자산 토큰 발행, 자산 신탁업, 토큰 거래소 분야에서 사업을 개척하고 있다. 2015년에 골드만삭스는 암호화폐 투자회사 서클의 지분을 확보했고, 서클은 2018년 2월 암호화폐 거래소 폴로닉스를 인수했다. 또한 서클은 2018년 8월 금융 당국으로부터 STO 거래 면허를 취득했고, 2018년 10월에는 스타트업 크라우드 펀딩 플랫폼인 시드인베스트를 인수했다. 시드인베스트는 암호토큰을 발행해서 자금을 조달하는 크라우드 펀딩 기업이다. 가치사슬의 단계들을 연결해 통합적 비즈니스 모델을 만들고자 하는 골드만삭스의 노련미가 보인다. 한편 IBM은 보유한 블록체인 기술력을 활용하여 디지털 자산 신탁 분야로 진출하려고 한다. 암호화폐 거래소인 코인베이스도 자산 토큰 거래소로 사업 변화를 꾀하는 한편, 자산 신탁업 쪽으로도 진출을 모색하고 있다.

외국 기업들의 활발한 움직임에 비하면, 우리나라 기업들은 가치사슬을 염두에 둔 전략적인 행동이 잘 눈에 띄지 않아 아쉽다. 그런 중에 삼성전자가 디지털 지갑에서 서비스 표준을 선점하려는 시도는 고무적이다. 삼성전자는 2019년 초 갤럭시 S10에 암호토큰을 보관·거래할 수 있는 디지털 지갑을 탑재해 출시했다. 스마트폰 디지털 지갑은 가치사슬의 한 축인 거래소에 접속하는 통로다. 디지털 자산시장에서 거래의 수요자, 즉 고객은 앞으로 점점 더 자신의 휴대폰에 탑재된 디지털 지갑에서 모든 거래를 시작할 것이다.

지갑의 보안은 휴대폰 내부에 저장된 비밀키와 자신의 생체정보 등을 결합하는 방식으로 철저하게 관리된다. 가상 일화의 민규 씨처럼 수요자는 지갑을 이용해 토큰 거래소에서 원하는 토큰을 구입하거나 자신이 가진 토큰을 거래소에 판다. 대중적인 암호토큰인 비트코인이나 이더리움이 다른 토큰을 구매하기 위한 기축통화로 많이 사용되겠지만 각국 중앙은행 디지털 화폐[CDBC]나 페이스북의 스테이블 코인 리브라를 이용해 다른 토큰을 구매할 수도 있다. 고객은 구입한 토큰을 지갑에 저장하거나 암호은행에 맡겨 보관한다. 디지털 지갑의 서비스 표준을 선점하면 고객 데이터를 확보할 수 있어 디지털 자산시장에서 유리한 비즈니스 위치에 설 수 있다. 그런 만큼 지갑의 기능성과 안정성을 놓고 열띤 경쟁이 벌어질 것이다.

디지털 지갑의 사례

삼성 갤럭시 S10	이더리움, 비트코인, 코스미, ENJIN 등 4종의 암호토큰의 송금, 지불이 가능하다. 암호화폐로 쇼핑몰이나 게임 결제도 된다. 단말기 보안 영역에 블록체인 프라이빗 키를 저장 관리한다.
젠고	사용자가 프라이빗 키를 직접 보관하지 않고도 이메일 주소나 생체 인식 등을 이용하여 사용할 수 있게 편의를 개선했다. 현재 비트코인, 이더리움, 바이낸스코인 등을 지원하며 향후 질리카, 테조스 등을 추가로 지원할 예정이다.
루트원소프트	암호화폐 지갑 비트베리를 출시했다. 암호화폐 송금, 입출금, P2P 교환이 가능하다.
카카오	암호화폐 지갑 클립을 개발하여 2020년 상반기에 출시하겠다고 발표했다. 카카오의 블록체인 플랫폼인 그라운드 X에서 출시한 암호토큰 클레이를 비롯해 여러 암호토큰을 한 곳에서 보관하고, 송금·거래도 할 수 있다.

디지털 지갑은 주요하게 세 가지 기능을 할 수 있어야 한다. 첫째는 결제·송금 기능이다. 디지털 자산 거래를 위한 기본 기능인 동시에 블록체인 플랫폼에서 다양한 디지털 서비스를 구매하기 위해 필요하다. 둘째는 거래·저장 기능이다. 토큰 거래소 또는 다른 자산 보유자로부터 자산을 구매해 안전하게 저장할 수 있어야 한다. 셋째는 디지털 신원 인증 기능이다. 정부는 돈 세탁 등 불법적 자산 거래를 막기 위해 토큰 서비스 사업자에게 고객 신원 확인 의무를 부과한다. 디지털 지갑은 지갑을 열어 거래하는 순간 거래 참가자의 신원까지 자동으로 확인

하는 기능이 있어서 불법 거래의 여지를 원천 차단한다. 나아가 디지털 지갑 하나에 주민등록증, 운전면허증, 여권 등 각종 신분 증명서를 모두 담을 수 있어서, 해외여행을 할 때도 휴대폰 하나만 있으면 여권도 필요 없어진다.

암호토큰 등 암호화한 금융상품을 주로 취급하는 암호은행은 자산 거래를 지원하는 서비스를 제공한다. 소비자는 토큰 거래에 수반되는 금융 서비스를 암호은행에 요청할 수 있다. 암호은행의 서비스 가운데 암호토큰 담보 대출 서비스가 주목을 받는다. 이 서비스는 고객이 보유한 토큰을 은행에 위탁하고 토큰 가치에 연동해 법정화폐를 대출받는 것이다. 예를 들어 은행은 해당 암호토큰 가치의 70~80퍼센트 정도로 법정화폐를 대출해줄 수 있다. 1비트코인을 암호은행에 담보로 맡기면, 은행은 비트코인 시세(2019년 11월 현재 약 900만 원)의 70퍼센트인 약 630만 원을 법정화폐(원화, 달러, 유로 등)로 대출해주는 것이다. 만약 1비트코인 시세가 일정 한도 이하로, 가령 대출 계약 시 가치의 70퍼센트 이하로 내려가면 은행은 보관하던 비트코인을 매도하여 대출액을 회수한다.

투자 컨설팅 비즈니스와 개인 신용 평가 비즈니스도 활성화될 전망이다. 수많은 암호토큰이 출현함에 따라 투자자들은 토큰의 가치와 투자 전망에 대한 객관적인 정보를 원한다. 바이낸스리서치, 와이즈레이팅스 등의 업체가 시장을 선도하고 있다. 바이낸스리서치와 와이즈레이팅스는 암호토큰의 신용 등급을 평가한다. 평가의 잣대는 토큰경제 생태계가 선순환하는지, 토큰 가격은 적절한지, 예상 거래량은 어느 정도인지 등 다양한 분야에 걸쳐 있다. 우리나라에서는 사단법인 한국블록체인학회가 주도해 만든 〈블록체인 분석평가기준 가이드라인〉이 그 역할을 할 것으로 기대하고 있다.

한편 기존 금융권을 이용하기 힘든 금융 소외층의 수요에 의해 P2P 대출 서비스가 늘어날 것으로 보이는데, 이들의 신용을 평가하고 신용 등급을 부여해주는 비즈니스가 필요하다. 기존 신용 평가 방법은 소득이나 은행 거래 이력 등을 바탕으로 이뤄지는 것이어서 별도의 신용 평가 방법이 요구된다. 새로운 방식의 개인 신용 평가는 통신사 거래 내역, 일상적 소비 패턴, SNS 활동, 공동체에서의 협동 등 다양한 평가 데이터를 수집해 이뤄질 수 있다. 개인 신용 평가에 전문성을 드러내는 기업으로는 마이크레딧체인이 있다.

자산시장의 거래 환경을 지원하는 각종 서비스도 필요해진다. 이 서비스들은 블록체인 거래 플랫폼의 원활한 작동, 운영, 유지에 도움이 된다. 예를 들어 IBM은 부동산 거래에서 일체의 종이 서류를 없애고 전 과정을 디지털화하는 작업을 지원한다. 틸론은 전자 문서의 정보와 관련된 데이터를 블록체인에 분산 저장하여 문서를 위변조하려는 시도가 있을 시 즉각 확인 가능한 전자 문서 보안 서비스를 제공한다.

그 밖에 블록체인 기반 물류 유통 시스템, 데이터 관리 시스템, 지급 결제 시스템 등이 시급히 확보되어야 한다. 블록체인 거래 플랫폼의 효율성을 높이고 동시에 탈중앙화 수준과 안전성을 높이는 과정에서 여러 비즈니스 기회들이 계속해서 등장할 것으로 예측된다.

요약하면 디지털 자산 평가, 신탁, 발행, 거래·유통, 토큰 투자 컨설팅, 개인 신용 평가에 이르는 모든 과정이 발전하면서 글로벌 디지털 자산시장은 확대되고 또 끊임없이 혁신될 것이다. 시장의 가치사슬 역시 부단히 혁신될 것이므로, 새로운 비즈니스 기회 역시 계속해서 발굴될 것이다.

파리 루브르 박물관에는 이룰 수 없는 사랑을 이루고야 만 신화 속 연인의 조각이 있다. 〈큐피드의 키스에 깨어나는 프시케〉(1777년경)다. 큐피드의 어머니 비너스는 아들과 사랑에 빠진 프시케가 못마땅한 나머지 프시케를 죽음의 잠에 빠지게 한다. 하지만 큐피드의 키스를 받은 프시케는 다시 살아난다. 날개를 펼치고 프시케를 부드럽게 안은 큐피드와, 큐피드의 머리를 감싸고 그의 얼굴을 바라보는 프시케. 관람객들은 그 애절하고 아름다운 연인이 대리석 조각이라는 것도 잊은 채 몰입한다. 이 작품의 조각가는 안토니오 카노바다.

이탈리아 조각가 안토니오 카노바는 어려서 아버지를 잃고 어머니마저 떠나버려 할아버지 손에서 컸다. 석공인 할아버지 집에서 카노바는 조각가의 꿈을 키웠다. 그러나 집이 가난하여 조각을 정식으로 공부하기 힘들었다. 카노바는 부잣집에 들어가 허드렛일을 했는데, 부자가 주최하는 만찬에 돈 많은 정치인이 왔다. 카노바는 커다란 버터 덩어리를 깎아 사자상을 만들어 만찬 식탁에 올렸다. 그것이 정치인의 눈에 들었고, 그는 카노바의 후원자가 돼주었다. 후원자 덕분에 카노바는 베네치아에 가서 미술 공부를 할 수 있었고, 당대 최고의 작품들을 만들었다. 그는 나폴레옹 점령기에 나폴레옹을 위한 조각도 만들었으나, 그를 파리로 데려가고자 한 나폴레옹의 요구는 끝내 거절했다. 카노바는 베네치아에서 살다 죽었다.

카노바의 '버터 사자'가 후원자의 눈에 든 것은 그 만찬 자리에 예술을 보는 눈과 재력을 함께 가진 사람들이 모였기 때문이다. 베네치아는 그런 곳이었다. 아이디어와 재능을 가진 젊은 예술가와 그런 예술가를 후원할 준비가 된 사람들의 플랫폼이었다.

우리 시대로 눈을 돌려보자. 우리나라에는 세상을 바꿀 아이디어와 훌륭한 기술을 가진 스타트업이 많다. 아직은 그들의 존재감이 버터로 조각한 사자상에 불과할지 모른다. 우리나라 시장은 크지 않고, 해외 시장은 선진국의 대기업들이 나눠 차지했기 때문이다. 그러나 디지털 자산시장이 구축되면 글로벌 차원에서 엄청난 유동자산이 오갈 것이고, 준비된 스타트업들에게 커다란 플랫폼이 열릴 것이다.

버터 사자는 '유니콘'으로 변신할 수 있을까? 그것을 돕기 위한 정부의 역할은 무엇일까?

디지털 자산시장을 둘러싼 환경

외부와 내부의 규제 환경

디지털 자산시장을 최선의 형태로 구축하기까지 넘어야 할 산이 많다. 특히 시장을 둘러싼 국제적 규제 환경은 녹록지 않다. 2019년 6월 22일, 37개 나라가 참여하는 국제자금세탁방지기구FATF는 매우 강력한 암호토큰 규제 지침 최종 권고안을 발표했다.

권고안은 암호화폐를 '가상자산virtual asset'으로, 암호화폐 거래소를 '가상자산 서비스 제공자'로 지칭하고, "암호화폐 거래소를 포함한 가상자산 서비스 제공업자들은 암호화된 자산 이체 서비스를 이용한 당사자 양쪽의 정보를 규제 당국에 공유해야 한다"고 규정했다. 이 권고안은 암호토큰을 송금한 사람의 이름은 물론 수신한 사람의 이름과 양측의 계정, 송금자의 주소지, 주민등록번호 등을 '당국에 제출할 필요가 있는 정보'로 명시했다. 필요하다면 정부가 '누가 누구에게 암호토큰을 보내는지' 지불 거래 관계를 들여다볼 수 있어야 한다는 이야기다. 또 FATF는 "가상자산 서비스 제공자는 사업장을 관할하는 국가의 규제 당국으로부터 면허를 취득해야 하고, (당국의 명령이 있을 시) 제재 대상의 계좌를 동결하거나 거래를 금지할 수 있어야 한다"고 강조했다. 각국 정부는 미등록 사업자를 적발하기 위한 대책도 모색해야 한다.

　FATF는 공동 성명을 통해 "앞으로 지침 이행을 위해 회원국에게 12개월의 준비 기간을 부여할 예정이고, 오는 2020년 6월에 점검할 계획"이라고 밝혔다. FATF 지침은 암호토큰 관련 사업이 전통 금융기관과 동일한 수준에서 자금세탁 방지, 테러 자금 조달 차단 규정을 준수해야 한다는 메시지다. 우리나라는 2009년부터 FATF에 가입한 회원국이며, 회원국들에게 FATF 권고안은 단순한 권고 이상의 의미를 가진다. FATF는 권고 사항을 국가별로 제대로 이행하는지 그 정도를 주기적으로 평가해, 결과에 따라 국가 간 금융거래 제재 등의 불이익을 준다. 최악의 경우 회원국 자격을 박탈할 수도 있는데, 그렇게 되면 해당국이 자금세탁, 테러 자금 조달, 마약·총기 및 각종 불법성 거래와 관련이 있다는 뜻이어서 선진국과의 국제 금융거래는 불가능해진다고 봐야 한다. FATF는 암호토큰은 인정하지만 익명성 아래 암호토큰 거래가 불법행위의 온상이 될 여지를 차단하겠다는 뜻을 명확히 했다.

블록체인 산업에서는 반발이 나온다. 암호토큰 이체 당사자 양측의 신원을 확인하고 그 정보를 정부와 공유한다는 건 탈중앙화를 추구하는 블록체인 정신에 맞지 않기 때문이다. 비트코인은 정부와 중앙은행이 '나의 경제활동' 내역을 낱낱이 들여다보는 데 반기를 들고 등장한 일종의 사이버 레지스탕스 운동이었다. 게다가 블록체인 기술의 특성상 암호화되어 있는 수신자 정보를 확인하기도 쉽지 않다. 그러나 FATF 권고안이 각국 규제 정책의 가이드라인으로 수용되는 건 불가피해 보인다. 권고안을 따르지 않는 국가는 블랙리스트에 올라 글로벌 금융 시스템에 대한 접근 권한을 잃을 수도 있기 때문이다. 또한 암호토큰 투자자들의 입장에서는, 적절한 규제 가이드라인은 투자자를 보호하는 효과가 있다. 산업의 건전한 성장에 도움이 된다는 것이다. 지난 몇 년간 암호화폐 거래소가 우후죽순으로 생기고 내용을 종잡기 어려운 ICO가 크게 늘면서, 사기성 프로젝트에 투자자들이 피해 본 사례가 늘어난 것도 사실이다.

FATF 권고안 관련 국내 대응책으로 2019년 12월 말 현재 국회는 '특정 금융거래 정보 보고 및 이용에 관한 법률 개정안'(특정금융거래정보법. 이하 특금법)을 논의 중이다. 특금법은 암호화폐를 FATF의 개념을 빌려 가상자산으로, 암호화폐 거래소를 가상자산사업자^{VASP}로 규정하고, 사업자 신고를 마친 업체만 가상자산 관련 사업에 종사하도록 정했다. 미신고 사업자는 처벌받을 수 있다. 또한 가상자산 입출금 거래는 실명이 확인된 계좌를 통해 이뤄지도록 요건을 강화했다. FATF 권고안을 수용하여 개정된 특금법은 암호토큰 관련 산업에 강한 규제로 작용할 것이다. 하지만 동시에 암호토큰 산업을 제도권 내로 포섭하여 기존 금융과 유사한 법적 지위를 부여하는 것이라고 볼 수도 있다.

그런데 특금법이 통과되더라도 증권토큰 발행^{STO}이 바로 허용되는 것은 아니다. 블록체인 시스템에서 발행된 증권토큰을 증권법상 증권으로 볼 수 있는지가 법률적으로 불확실하고, 증권토큰을 인정한다고 하더라도 현행법상 이를 거래할 거래소가 없다. 현행 암호화폐 거래소는 증권을 거래할 수 없도록 되어 있기 때문이다. 스위스나 홍콩은 합법적으로 증권토큰을 발행할 수 있도록 규정을 마련했는데 그에 비해 우리나라는 법적여건이 미흡하다. 그런 까닭에 혁신적 기업가들이 증권토큰 발행이 가능한 해외로 나가고 있다. 우리나라에서 STO가 가능하다면 우리나라로 들어올 자금마저 지금은 해외로 발길을 돌리고 있는 것이다.

실물 자산의 토큰화는 통화량 증가 없이도 유동성을 증가시켜 침체된 세계 경제에 활력을 불어넣을 수 있다. 디지털 자산 시장은 진화하는 중이다. 검증 안 된 암호화폐가 무질서하게 쏟아지던 시기를 지나, 신뢰할 수 있는 자산을 근거로 한 자산 토큰과 증권토큰이 시장의 중심에 뿌리를 내리고 있다. 시장의 신뢰성이 높아지면서 글로벌 차원의 디지털 자산시장이 열리고 있는데, 아직 한국은 여기에 본격적으로 뛰어들 법제도적 조건을 갖추고 있지 못하다. 변화의 흐름을 따라잡는 입법 노력이 절실하다.

한국의 규제 정책, 어디로 가야 하는가?

우리나라 경제의 미래는 올바른 블록체인 철학을 정립하고 디지털 자산혁명을 주도할 수 있는가에 달렸다. 한국 정부는 지난 2017년 말 암호화폐 가치가 급상승하자 투기 광풍을 우려해 ICO 금지 및 암호화폐 규제로 정책 방향을 잡았다. 정부도 블록체인 기술의 중요성은 인식해 "암호화폐와 블록체인은 별개"라며 국가적 지원을 약속하지만, 꿀을 바라면서 벌은 없기를 바라는 것이 불가능하듯 암호토큰 없이 블록체인 기술만 발전하길 바라는 건 어불성설이다. 블록체인과 암호토큰이 긴밀히 연관된 현실에서, 어떠한 규제를 어떤 정도로 해야 하는지 정부는 서둘러 대답을 내놓아야 하는데 아직 그러지 못하고 있다.

　규제에는 네거티브 규제와 포지티브 규제가 있다. 안 되는 것을 정확히 정해서 금지하고 그 나머지는 자유롭게 하라는 게 네거티브 규제다. 반대로 포지티브 규제는 해도 되는 것 외에는 다 안 된다고 하는 규제다. 우리나라는 포지티브식이다. 블록체인 기술과 디지털 자산시장의 변화는 시속 100킬로미터로 바뀌고 있는데 규제는 20킬로미터에서 따라가고 있다. 규제를 바꾸자고 합의하고 국회를 설득해서 개정된 규제안을 통과시켜봐야 이미 낡은 규제가 된다. 그런 규제는 안 만드는 게 낫다. 차라리 자율 규제를 권장하고, 담합과 불공정 행위만 정부가 규제하는 똑똑한 규제 정책, 곧 '스마트 규제'가 필요하다. 예를 들면 '규제 프리존'을 두어, 이 구역 안에서는 어떤 실험이든 해보라고 할 수 있다. 부산을 블록체인 특구로 지정해 여러 블록체인 시범 사업을 추진해보려고 하는 시도는 긍정적이다. 한편 '규제 샌드박스'를 만들 수도 있다. 모래밭에서 아이들이 집이나 성을 지으며 신나게 노는 것처럼, 자본금이 일정한 기준 아래인 스타트업이나 소규모 프로젝트의 경우에는 일정한 기간을 주고 그 안에는 무엇이든 제약 없이 시도해보게 하는 것이다. 이런 실험의 결과를 잘 모니터링해서 제도에 반영하는 것을 스마트 규제라고 할 수 있다.

　개인용컴퓨터가 보급되던 시기에 마이크로소프트는 운영체

제 '윈도우'로 전 세계 컴퓨터 시장을 장악했다. 인터넷과 모바일 시대로 바뀌면서 구글은 '안드로이드'라는 운영체제로 전 세계 스마트폰 시장을 장악했다. 이제 사물인터넷 등으로 대변되는 4차 산업혁명이 시작되었다. 4차 산업혁명의 핵심 인프라인 블록체인을 누가 주도하느냐에 따라 세계 경제 판도가 바뀔 것이다. 우리가 블록체인 기술 개발 및 확보에 사활을 걸어야 하는 이유다. 이마저도 외국 기업에게 넘어가면 우리 국민의 금융자산이나 건강 데이터가 외국 기업이 주도하는 블록체인 시스템 안에서 저장, 관리, 거래될 것이다. 블록체인 기술 혁신은 우리나라 정보 주권을 지키는 길이다.

한국이 과거에 고속도로를 건설하고 초고속 인터넷망을 만든 것은 그것들을 국가 핵심 인프라로 인식했기 때문이다. 이제는 블록체인을 미래 핵심 인프라로 인식해야 한다. 민관 합동으로 블록체인 산업을 육성할 로드맵을 작성하고 대규모로 투자해야 한다. 스마트 규제로 혁신적인 블록체인 서비스를 촉발하고 생태계를 확장해야 한다. 한국에는 그동안 축적한 경험과 지식이 있다. 이를 바탕으로 블록체인 기술의 글로벌 표준화를 주도해야 한다.

4차 산업혁명 시대에 각 나라 정부와 기업은 단순히 몇몇 기술의 개발만으로 성공할 수 없다. 아래로부터 조직 문화를 바꿔야만 성공할 수 있다. 추격자, 곧 패스트 팔로워에 어울리는 중앙집중적이고 수직적인 구조에서 벗어나 선도자, 곧 퍼스트 무버에 어울리는 분권적이고 자율적인 구조로 바꿔야 한다. 위에서 아래로 지시하는 사고방식에서 벗어나 현장에서 아이디어를 찾아 현실로 구현하는 사고방식으로 바꿔야만 한다. 이런 방향으로 혁신해야 블록체인이라는 신세계에서 경쟁력 있는 비즈니스 모델을 만들 수 있다. 동시에 탈중앙적 블록체인 기술을 비즈니스 환경과 문화에 과감하게 적용해야 경쟁력 있는 조직 형태를 창조할 수 있다.

혁신은 새로운 시장을 만드는 것이 아니라 시장의 주체를 바꾸는 것이다. 아날로그가 디지털로 바뀌면서 휴대폰산업이 노키아에서 애플과 삼성으로 넘어가고, 사진산업의 중심이 필름회사 코닥에서 사진 공유 서비스 인스타그램으로 넘어간 것처럼 말이다. 선진국의 문턱에 있는 한국에게는 지금이 세계 시장의 새로운 주체가 될 기회다.

블록체인 기술로 인해 모든 산업 분야에서 주체가 바뀌고 있다. 블록체인에 기반한 디지털 자산혁명이 우리 눈앞에서 진행 중이다. 디지털 미래의 부가 어디로 향할 것인지 정해지는 중요한 기로에 우리는 서 있다. 여기서 과감하고 현명한 선택을 한다면, 4차 산업혁명을 주도하며 미래 글로벌 경제를 이끄는 리더는 한국이 될 것이다.

대담 2

◉

디지털 자산혁명, 살아남으려면 변화하라

오준호 토큰경제가 무엇인지는 앞의 대담에서 설명해주셨지요? 하지만 지속 가능한 토큰경제를 설계하는 것은 결코 간단하지 않은 일로 보입니다.

인호 커피를 한 잔 시키면 가게에서 도장을 찍어주면서 도장 10개를 모으면 공짜로 커피 한 잔을 주죠. 도장이라는 토큰을 이용해 단골이 되도록 유도하는 것입니다. 일종의 토큰경제지요. 비행기를 타면 마일리지를 적립해주는데, 마일리지를 적립하면 공짜로 항공권을 주기도 합니다. 되도록 같은 여행사를 이용하도록 유도하는 것 또한 토큰경제입니다. 항공사들의 연합체를 만들고 마일리지가 상호 교환되도록 하면 토큰경제 생태계가 더 넓어져서 소비자에게 이익이고, 항공 이용이 늘어나 항공

사도 이익입니다. 이처럼 토큰경제란 특정한 행위를 강화하기 위해 행위의 징표와 행위에 대한 보상을 교환하게 만든 시스템입니다. 토큰경제는 디지털과 잘 어울리는데, 디지털 토큰은 더 싸고, 빠르고, 수월하게 유통할 수 있기 때문입니다. 블록체인과 결합하면 탈중앙 방법으로 다양한 토큰경제 시스템을 창조적으로 프로그램할 수 있습니다. 잘 만든 토큰경제는 소비자가 자발적으로 그 안에 머무르며 지속적으로 가치를 창출합니다. 토큰경제 비즈니스가 늘어나는 이유지요. 그런데 2017년을 전후한 ICO(암호화폐 발행) 열풍에서 실패한 토큰 비즈니스가 많고 손해를 본 투자자도 많아서 제대로 설계하지 않으면 소비자의 외면을 받기 쉽습니다.

오준호 그렇다면 비즈니스 개발자의 측면에서 어떻게 해야 지속 가능하고 수익성도 있는 토큰경제를 설계할 수 있을까요? '토큰경제 디자인'에서 가장 중요한 것은 무엇일까요?

인호 우선 발행하려는 토큰의 성격을 결정해야 합니다. 토큰은 크게 지급 결제 토큰, 이용권 토큰, 자산 토큰으로 나뉩니다. 지급 결제 토큰은 비트코인처럼 거래 지원 기능이 목적인 토큰입니다. 이용권 토큰은 게임 중에 받는 '금화'나 '보석'처럼 특정 서비스를 이용하는 접근 권한을 주는 토큰입니다. 자산 토큰은 증권토큰이라고도 하는데, 실제 자산 가치를 담보로 발행되며 투자 목적이 분명한 토큰입니다. 토큰의 성격에 따라 규제나 세제가 달라집니다. 이용권 성격이 강한 토큰은 과세 대상이 아니지만 자산 성격이 분명하면 자본소득세 대상이 됩니다. 나라마다 규제가 다 다르므로 해외 비즈니스를 고민한다면 이를 고려해야 합니다. 경우에 따라서는 서비스가 가능한 나라와 가능하지 않은 나라들을 구분하여 전략을 수립해야 하겠죠.

오준호 토큰의 성격을 결정하면 다음으로 정해야 하는 것들은 무엇이 있을까요?

인호 토큰의 발행량과 토큰 가격을 결정해야 합니다. 토큰 발행량이 서비스 규모에 비해 지나치게 많으면 개별 토큰 가격이 너무 떨어져서 존재감이 없을 수도 있고, 지나치게 적다면 개별 토큰 가격이 너무 올라 서비스 이용자들이 부담스럽습니다. 토큰 배분 방법도 정해야 합니다. 개발자의 몫과 토큰 생태계 조성에 드는 몫을 나누는 것이지요. 토큰 생태계를 조성하기 위해 사용자에게 무료로 나눠주는 에어드랍 같은 마케팅 행사에 얼마의 토큰을 쓸지, B2B로 연계된 협력 기관에는 얼마를 배분할지 결정해야 합니다. 다음으로, 토큰 생태계의 의사결정 구조를 설계해야 합니다. 토큰을 가진 사람들의 의사결정 구조란 주식회사의 주주총회와 비슷합니다. 하나의 토큰이 하나의 투표권이 될 수도 있고, 일정량 이상 토큰을 보유해야 투표권을 줄 수도 있습니다. 비즈니스 성격에 따라 의사결정 시스템은 다를 수 있으나, 서비스 이용자의 참여를 보장해주어야 생태계의 지속 가능성이 커질 것입니다.

오준호 토큰을 얼마의 가격에 얼마나 발행할지, 초반에 어떻게 분배할지 정하고, 토큰 보유자들의 의사결정 구조도 구축해야 한다는 것이군요. 그러고는 무엇을 더 해야 하나요?

인호 토큰 마케팅입니다. 토큰이 아무리 좋아도 많이 쓰이지 않으면 생태계를 만들 수 없지요. 서비스의 내용과 비전을 밝히는 백서를 만들어 인터넷에 공개하고, 투자 설명회를 나라마다 진행합니다. 그런데 마케팅에도 자금이 필요하므로 정식 백서 공개 전에 소수의 투자자를 대상으로 투자 설명회를 하기도 합니다. 이를 사전 판매pre-sale라고 합니다. 사전 판매 때는 대체로 토큰 가격을 할인해서 판매하는데, 토큰 상장 후 급매도하여 토큰 가격을 떨어뜨리고 시세 차익만 가져가는 일을 막기 위해 어느 정도 기간 매도를 금지lock하기도 합니다. 마지막으로는, 토큰을 거래소에 상장하고 공개 판매합니다. 거래소는 상장 전에 토큰을 심사하는데, 비즈니스 모델의 가능성, 개발자와 경영자의 역량, 토큰 가격 유지 정책 등 다양한 요소를 봅니다. 토큰 가격이 급등락하여 투기나 투자자 손실로 이어지는 일을 막고자 일정한 현금이나 토큰 예치를 권하는 거래소도 있습니다.

오준호 교수님이 창립에 앞장섰고 또 학회장으로 계셨던 한국 블록체인학회에서 〈블록체인 분석평가기준 가이드라인〉을 만들었습니다. 무엇이고, 왜 만든 것인가요?

인호 2017년을 정점으로 2018년 초까지 암호화폐에 '묻지 마 투기'가 성행했습니다. 저는 암호화폐 투자에 대해 알고 하면 투자, 모르고 하면 투기, 빚내서 하면 도박이라고 말하고는 했습니다. 피해 사례가 늘어나는데 정부는 암호화폐는 금융이 아니라는 이유로 손 놓고 있는 것이 안타까웠습니다. 그래서 20여 명의 블록체인 전문가들을 모셔서 6개월에 걸쳐 준비하여 〈블록체인 분석평가기준 가이드라인〉을 만들었습니다. 투자자들이 암호화폐를 이해하고 투자하는 데 조금이라도 도움을 주고, 비즈니스를 시작하려는 주체들은 사업의 성공 가능성을 스스로 판단할 수 있도록 도움을 주려고 했지요.

오준호 투자, 투기, 도박의 구분이 재미있습니다. 〈블록체인 분석평가기준 가이드라인〉이 투자자나 개발자 모두에게 도움이 되었으면 좋겠는데, 그 내용을 간단히 소개해주시겠습니까?

인호 가이드라인은 크게 4가지 분야로 되어 있습니다. 첫째는 토큰 구조 평가입니다. 토큰 생태계가 안정적으로 운영될 수 있는지에 관한 평가입니다. 구체적인 평가 기준으로는 토큰 가치를 안정적으로 유지할 수 있는지, 토큰 수요가 얼마나 존재하는

지, 프로젝트에 투입하는 자금은 적절한지, 투자자 환불은 가능한지, 펀딩 계획은 효과적인지, 운영진에 대한 보상은 적정 수준인지, 토큰 도난이나 해킹을 방지할 보안 계획은 세워져 있는지 등이 있습니다. 둘째로는 비즈니스 모델 평가입니다. 비즈니스 주체들이 목표 시장을 분명히 설정하고 있는지, 목표 시장의 규모에 비춰 사업의 시장성이 있는지, 그 사업 분야에서 충분히 경쟁력을 가질 수 있는지, 사업이 지속적으로 성장 가능한지 등이 세부 기준입니다. 셋째로 조직 평가입니다. 토큰 발행 회사와 그 구성원들이 블록체인을 제대로 이해하고 있는지, 암호화폐 사업 경력이 있는지, 조직 관리 시스템을 갖췄는지, 사업 주체의 도덕적 역량은 어떠한지 등을 검토합니다. 끝으로 기술 평가입니다. 블록체인 아키텍처가 견고하고 효율적인지, 암호화폐 플랫폼은 경쟁력이 있는지, 스마트 계약 기능 및 암호화폐 지갑 기능은 잘 작동하는지 등 핵심 기술 보유 정도와 실제 서비스 구현 능력을 살핍니다. 이런 내용들이 복잡하게 들리겠지만, 이런 요소들을 꼼꼼히 갖춘 토큰 비즈니스일수록 성공 확률이 높습니다.

오준호 교수님은 기존 금융산업이 디지털 자산혁명에 제대로 대응하지 못하면 위기를 맞을 수 있다고 경고하고 계십니다. 은행을 비롯한 금융산업이 살아남으려면 무엇이 필요한가요?

seq	분류	평가 요소	평가 항목
1	토큰 구조 평가	크립토 이코노미에서 실질적으로 내재되어 있는 잠재력과 건전성을 중심 요소로 설정	2개 영역, 11개 항목
2	BM 평가	TCB의 기준을 블록체인 생태계에 접목하여 시장성과 경쟁 우위를 중심 요소로 설정	3개 영역, 7개 항목
3	조직 평가	블록체인 비즈니스를 수행하는 조직의 역량, 준비 상태, 사업적 도덕성을 중심 요소로 설정	3개 영역, 12개 항목
4	기술 평가	핵심 기술의 충실도, 플랫폼/인프라의 보안적인 이슈와 안정성과 응용 확장성의 이슈를 중심 요소로 설정	3개 영역, 16개 항목

● 블록체인 평가의 4가지 분야.[*]

인호 은행 경영은 앞으로 당분간 매우 어려울 것입니다. 핀테크 회사 아니 테크핀 회사들의 진출로 은행 수수료가 점점 줄어드는 것도 있고, 글로벌 경기 침체로 이자가 낮다보니 예대 마진이 자꾸 감소하고 있습니다. 더구나 우리나라 인구 증가율이 0퍼센트대로 떨어졌고, 2020년부터는 실제 인구수가 줄어듭니다. 저금리, 저성장 시대인데 시장 경쟁은 치열합니다. 새로운 돌파구를 찾아야 합니다. 앞으로 어떤 은행은 리스크를 감수하고 새로운 비즈니스 모델을 만들 것이고, 어떤 은행은 기존 비즈니스 모델만 지키다 쇠퇴해갈 것입니다. 살아남고 새롭게 도약하기 위해서는 세 가지 화살이 필요합니다. 첫째, 데이터 혁

---

[*] 〈블록체인 분석평가기준 가이드라인〉.

신 기업으로의 변신. 둘째, 디지털 혁신 기업으로의 변신. 셋째, 디지털 자산 관리 기업으로의 변신입니다.

오준호 세 가지 화살이라는 표현은 그만큼 과감한 도전이 필요한 시기라는 뜻으로 들립니다. 하나씩 설명해주시겠습니까?

인호 은행은 데이터 혁신 기업으로 변신해야 합니다. 3차 산업혁명까지 은행의 역할은 자금, 곧 돈을 중개하는 것이었습니다. 고객 예금으로 자금을 모아 기업에 투자하는 모델이지요. 은행은 예금 이자와 대출 이자의 차이, 곧 예대 마진으로 운영되어왔습니다. 하지만 4차 산업혁명 시대에는 돈보다 데이터가 더 중요해집니다. 데이터를 기반으로 머신러닝을 통해 뛰어난 인공지능을 확보하면, 인공지능을 활용해 혁신적 서비스를 만들어 수익을 올리는 것입니다. 따라서 기업마다 데이터를 얼마나 확보하여 활용할 수 있는가가 생존에 직결되는 문제입니다. 은행도 예외일 수 없습니다. 이제 은행은 선언해야 합니다. "돈을 맡기면 이자를 주는 것이 아니라 데이터를 맡기면 이자를 준다!"고 말이지요. 은행은 고객의 트랜잭션(거래 요청)을 무료로 처리해주는 대신 거기서 생겨나는 데이터의 활용권을 고객에게 요청할 수 있습니다. 이렇게 얻은 데이터를 데이터 자산 거래소에서 거래하여 수수료를 얻거나, 데이터를 활용해 새로운 서비스를 고객에게 제공하고 수수료를 얻을 수 있습니다. 예를 들어, 고객 데이터를 분석해 고객별로 '디지털 아바타'를 만들어 제공하면서, 생애 주기별 금융, 교육, 건강, 여가 관련 서비스를 추천해줄 수도 있지요. 은행이 페이스북이나 구글 같은 데이터 기반 서비스 기업이 되어야 하는 것입니다.

오준호 은행이 고객을 위한 데이터 기업으로 변모해야 한다는 말씀이 인상적입니다. 지금의 은행과 금융회사는 다분히 고객의 이익보다 자조직의 수익 창출을 최우선으로 하고 있다고 느끼기 때문입니다.

인호 맞습니다. 은행을 비롯하여 금융회사들은 현재 고객이 아니라 회사를 중심에 두고 있는데, 이를 고객 중심으로 완전히 전환해야 합니다. 가령 수입과 재산 상태로 보아 그 고객에게는 위험한 파생상품인 DLS나 DLF를 자세한 위험 고지 없이 팔아서는 안 되는데, 금융회사들이 회사의 이익, 정확히는 판매 실적을 달성하기 위해 위험 고지도 없이 판매했지요. 또 자기 회사의 금융상품보다 타 회사의 상품이 더 많은 수익을 내는데도 자기 회사 상품을 추천하는 경우가 다반사입니다. 이런 태도를 계속 가지다가는 '뱅크 샐러드'처럼 데이터를 기반으로 금융상품을 추천하는 정보통신 기업들에게 시장을 상당 부분 빼앗길 것입니다.

오준호 은행이 데이터 기업으로 진화해야 한다는 말씀은 잘 알겠습니다. 그럼 다음으로 디지털 혁신 기업으로 변화해야 한다는 것은 무슨 의미입니까?

인호 현재 은행의 인적 구성은 위로 볼록한 포물선 형태입니다. 포물선의 가운데는 일반적인 지점 인력이고, 양끝은 각각 하이테크 인력과 하이터치 인력입니다. 하이테크 인력과 하이터치 인력이 지점 인력에 비해 상대적으로 소수란 뜻이지요. 하이테크 인력이란 블록체인, 빅데이터, 인공지능 등을 활용하는 인력입니다. 하이터치 인력은 지점에서 고객을 기다리는 서비스가 아니라 고객을 찾아다니는 서비스를 하는 인력을 말합니다. 보험사의 라이프플래너 같은 직무입니다. 이처럼 하이테크, 하이터치 인력이 취약한 구조로는 테크핀 회사와 경쟁할 수 없습니다. 하이테크, 하이터치 인력을 대폭 늘려야 하지요. 전통적인 대고객 업무는 로보어드바이저 등으로 점차 대신하면서, 그 업무에 종사하는 직원을 대대적으로 재교육하여 하이테크, 하이터치 분야로 배치해야 합니다. 그리고 외부에서 인재를 스카우트해서, 결과적으로 인적 구성 포물선을 아래로 볼록하도록 만들어야 합니다. 구체적으로는, 은행이 대학과 연계해 디지털 금융공학 석·박사를 양성하고, 기술 연구소를 설립하고, 사내 벤처를 활성화할 것을 제안합니다. 소프트웨어 직군을 신설 또는 증원해야 하고요.

오준호 은행이 하이테크, 하이터치 차원에서 해야 하는 과제는 무엇일까요?

인호 은행은 하이테크 차원에서는 금융 플랫폼을 구축하고 여러 핀테크 회사들에게도 개방하여 생태계를 조성해야 합니다. 조성된 생태계는 글로벌 차원으로 확대해 다양한 수입원을 찾아야 하고요. 하이터치 차원에서는 더 이상 지점에서 고객을 기다려서는 안 됩니다. 직접 찾아가는 서비스를 해야 합니다. 이것은 테크핀 회사들이 하지 못하는 분야로 한동안 경쟁력이 있습니다. 이를 잘 활용하면 시장 지배력을 유지할 수 있을 겁니다. 조직 문화 차원에서는, 지금처럼 수직적이고 분야별 칸막이가 높은 구조를 바꿔, 보다 수평적이고 협력적인 구조로 바꿔야 합니다. 그래야 4차 산업혁명 시대에 필요한 창의성을 극대화할 수 있습니다.

오준호 은행이 디지털 자산 관리 기업으로 변신해야 한다는 말씀은 무엇인가요?

인호 은행이 디지털 자산혁명의 가치사슬에서 어떤 위치를 차지해야 하는가의 문제입니다. 디지털 자산혁명의 가치사슬에 대해서는 우리 필자들이 책에서 서술했으므로 다시 길게 설명할 필요는 없겠습니다. 간단히 말하면, 디지털 자산의 평가와 발행과 거래라는 세 핵심 요소를 중심으로 자산시장이 구축될 텐데 은행은 디지털 자산 거래를 지원하는 여러 서비스를 발전시켜야 할 것입니다. 이전에는 고객이 법정화폐와 실물 자산의 관리를 은행에 맡겼다면, 이제는 암호토큰과 디지털 자산의 관리를 맡길 수 있도록 고객을 찾아가서 서비스를 제공해야 하는 것이죠.

오준호 지금까지 긴 말씀 감사합니다. 마지막으로 은행, 금융, 여러 비즈니스 주체들이 디지털 자산혁명을 어떻게 대비해야 할지 짧게 말씀해주시죠.

인호 디지털 자산혁명을 둘러싼 지금의 규제는 시간이 흐르면 반드시 변화할 것입니다. 시대적 흐름이기 때문입니다. 하지만 지금 규제가 있다고 아무것도 않고 있다가 어느 날 환경이 바뀌어 그때 가서 대응하려면 늦습니다. 지금부터 시범 사업에 적극 참여하거나, 시범 사업에 참여하는 기업에 투자하면서 체력을 길러야 합니다. 이 말을 꼭 기억했으면 좋겠습니다. "무엇인가를 바꾸려면, 자신을 먼저 바꿔야 한다."

맺음말

○

부의 미래, 물러설 것인가 주도할 것인가?

이탈리아 나폴리 가까이에 '쿠마이'라는 한적한 지방이 있습니다. 로마가 이탈리아반도를 제패하기 전 쿠마이는 고대 그리스인의 식민지였습니다. 전설에 의하면 쿠마이의 으슥한 동굴에는 시빌라sibyl가 살았습니다. 시빌라는 신탁을 받아 미래를 예언하는 무녀巫女를 뜻합니다. 쿠마이의 시빌라는 로마가 왕정이던 시절 마지막 왕인 타르퀴니우스에게 왕국의 미래에 대해 쓴 아홉 권의 예언서를 가져갔습니다. 시빌라는 "이 아홉 권의 예언서를 사십시오"하며 타르퀴니우스에게 비싼 값을 불렀습니다.

타르퀴니우스는 예언서가 탐났지만 금액이 너무 비싸다고 여겨, 사겠다는 답을 하지 않고 머뭇거리기만 했습니다. 그러자 시빌라는 그 자리에서 아홉 권 가운데 세 권을 불태워버렸습니다. 그러고는 남은 여섯 권을 내밀며 왕에게 사라고 말했습니다. 가격은 아홉 권 값과 동일했습니다. 타르퀴니우스가 계속 주저하자 시빌라는 다시 여섯 권 가운데 세 권을 불태워버렸습니다. 그리고 세 권을 아홉 권 값으로 사라고 말했습니다. 타르퀴니우스는 시빌라가 마지막 남은 세 권마저 불태워버릴까 두려워서 허둥지둥 아홉 권 값을 내고 그 세 권을 샀습니다. 시빌라는 군중 속으로 표표히 사라졌고, 왕은 세 권의 예언서를 카피톨리누스 언덕 위 주피터 신전에 보관하면서 국가의 보물로 여겼습니다. 국가의 위기가 닥칠 때마다 예언서를 꺼내어 읽었다고 합니다.

타르퀴니우스 왕은 아홉 권의 예언서 전부를 살 기회를 놓쳤고, 망설이다 세 권만 겨우 구하고서 아홉 권 값을 치러야 했습니다. 그가 망설이는 동안 예언의 가치가 3배 솟구친 셈입니다. 예언이 중요하다는 걸 알면서도 행동하지 않고 주저하다가 왕은 비싼 비용을 치렀습니다. 이 이야기는 우리에게 어떤 교훈을 줄까요? 미래를 예측하는 것도 중요하지만, 그 미래에 이르기까지 남은 시간을 소중히 써야 한다는 것입니다. 미래에 대비하려고 한다면 서둘러 행동해야 합니다. 그러지 못하면, 시간이 지날수록 대비하는 비용은 점점 늘어날 수밖에 없습니다.

이 책에서 우리 필자들은 다가오는 미래가 디지털 자산혁명의 시대라고 예견했습니다. 디지털 자산혁명은 세 가지 측면, 즉 자산의 토큰화, 거래의 자동화, 플랫폼의 탈중앙화라는 측면에서 혁명적입니다. 상상할 수 있는 모든 부가 디지털 토큰이 되어 유동화합니다. 은행, 정부, 플랫폼 중개자 등 각종 중간 관리자의 권한이 대폭 축소되고 스마트 계약으로 사람과 사람, 사람과 사물, 사물과 사물 사이의 거래가 자동화합니다. 경제활동의 범위는 국경과 문화를 초월해 글로벌 네트워크로 확대되고, 부의 흐름이 블록체인 기반 탈중앙 플랫폼 안에서 일어납니다. 부는 오프라인과 온라인에 걸쳐 존재하되 거래와 관리는 절대적으로 온라인을 통해 이뤄질 것입니다. 부동산, 천연자원, 기계 장치, 농산물, 예술품, 콘텐츠, 주식·채권, 탄소배출권, 개인 데이터 및 빅데이터가 디지털 토큰으로 유동되고, 거래되고, 관리될 것입니다.

이러한 디지털 자산혁명은 준비된 혁신가들에게 부의 미래를 차지할 기회를 줍니다. 그 기회는 디지털 자산의 가치 흐름을 잘 포착하는 것에 달렸습니다. 디지털 자산의 가치 흐름 속에 크게 세 가지 비즈니스 기회가 존재합니다. 첫째는 디지털 자산의 가치 평가 및 투자 컨설팅, 둘째는 디지털 자산 신탁 및 토큰 발행, 셋째는 디지털 자산 거래소와 기타 안전하고 편리한 거래 환경 조성입니다. 이미 발 빠른 플레이어들은 가치사슬 흐름에 뛰어들어 서비스 표준을 선점하기 위해 치열하게 경쟁하는 중입니다. 우리나라 기업과 스타트업들 역시 경쟁의 선두를 차지하고자 힘차게 치고 나가고 있습니다. 그러나 아직 법제도 환경이 새로운 자산시장의 출현과 맞지 않은 부분이 많아 이를 개선하는 입법 노력이 절실합니다.

그런데 이러한 디지털 자산혁명은 궁극적으로 경제와 사회에 어떤 변화를 가져올까요? 첫째, 자산의 의미를 바꿉니다. 자산은 소수가 소유하는 대상에서 다수가 사용하는 대상으로 변합니다. 도심의 상업용 부동산이 디지털 토큰이 되어 전 세계에 유동되면, 그 부동산의 주인은 과거와 달리 수천, 수만 명이 됩니다. 부동산은 소수 건물주의 이익 실현을 위한 수단에서 다수의 이익을 위한 공공시설이라는 의미를 갖게 됩니다.

디지털 자산혁명은 둘째, 집중된 부를 다수에게 공평하게 분배합니다. 대표적으로 데이터 자유 시장과 빅데이터 커먼스가 그 분배를 이끕니다. 스마트 계약 기능을 탑재한 개인 데이터 거래 플랫폼이 등장하면, 이전까지 대기업이 보상 없이 가져가던 개인 데이터에 대해 적절한 시장 가격이 매겨지고 데이터 제공자가 수익을 얻습니다. 또한 데이터 거래 플랫폼은 더 엄격해진 개인 데이터 사용에 대한 명확한 동의 절차를 전제하므로 데이터 주권 차원에서도 진일보를 이루게 됩니다. 비식별 개인 데이터를 결합한 빅데이터는 공동 소유로 간주되어, 빅데이터를 영리 활동에 이용하는 기업에게서 빅데이터 이용료를 거두어

시민에게 배당금을 나눠줄 수 있습니다.

디지털 자산혁명은 셋째, 정체되고 있는 디지털 전환을 혁신하여 디지털 부의 폭발적 증가를 이끕니다. 암호화폐의 출현으로 디지털 경제가 획기적인 발전을 이룰 거라는 예상이 있었지만, 내재 가치가 없는 암호화폐는 투기 대상으로 전락하고 말았습니다. 그러나 경제 행위의 신뢰성을 제고할 블록체인 기술이 지속적으로 발전하고, 실제 자산이 토큰화하여 블록체인 거래 플랫폼으로 들어오면서, 디지털 경제가 다시 급성장하리라는 기대가 커지고 있습니다. 디지털 전환의 혁신은 앞선 두 가지 효과, 자산의 의미 변화와 부의 분배를 더 강하게 추동하여 상상하지 못한 디지털 부의 새 시대를 만들어낼 것입니다.

한국은 일찌감치 초고속 인터넷망 보급 세계 1위를 차지할 정도로 디지털 전환에 발 빠르게 대응했고, 그런 까닭에 부의 기회를 많이 차지할 수 있었습니다. 그런데 디지털 전환의 현재 단계에서도 한국은 부의 흐름을 주도하고 있을까요? 주도하지 못하더라도 잘 따라가고 있을까요? 안타깝지만 그렇다고 하기 힘듭니다.

디지털 전환의 이전 단계가 '정보의 인터넷'을 만들고 보급하는 것이었다면, 현재 단계는 '가치의 인터넷'을 누가 먼저 주도하느냐가 관건입니다. 가치의 인터넷이란 가치 있는 재산을 안전하게 관리하고 경제활동에 적극적으로 활용하는 디지털 플랫폼을 말합니다. 한국은 블록체인 기술에서도, 블록체인 기반 디지털 플랫폼 구축에서도 다른 선진국들에 뒤처지고 있습니다. 우리는 디지털 전환의 초기에 우리가 가지게 된 것에 취해서 미래를 준비해야 한다는 다급한 요청을 귀담아 듣지 못하는 것이 아닐까요? 지금 디지털 전환의 흐름을 빨리 포착하고 주도해나가지 못한다면, 시간이 지나서는 그저 그 흐름을 따라가는 데도 훨씬 많은 비용이 들 것입니다. 아홉 권의 예언서를 모두 가질 기회를 놓치고 겨우 세 권을 아홉 권 값에 사야 했던 타르퀴니우스처럼 되어서는 안 됩니다.

우리가 주춤하는 사이에도 디지털 전환의 방향은 분명해 보입니다. 가치 있는 재산이 더 빨리, 더 많이 디지털 세계로 옮겨가고 있습니다. 디지털 세계는 이제 더 이상 아날로그 세계를 그저 반영하는 가상의 거울이 아닙니다. 디지털 세계는 부가 창출되고 유통되는 핵심 공간입니다. 앞으로 세계의 부 대부분은 디지털 데이터와 디지털 서비스가 연결되는 디지털 플랫폼에서 창출될 것입니다. 디지털 바깥, 아날로그 세계는 디지털 세계의 부가 소비되고 향유되는 공간으로 자리매김할 것입니다. 이것이 디지털 자산혁명이 가리키는 부의 미래입니다. 블록체인에 기반한 디지털 자산혁명은 인류가 자산을 소유하고 관리하는 방식 자체를 바꿀 것이고, 나아가 자산의 주체마저 바꿀 것입니다. 우리나라는 이러한 부의 흐름에서 주도적인 역할을 할 것인가, 아니면 그저 끌려만 갈 것인가?

　스티브 잡스는 "미래에 무슨 일이 일어날지 정확히 알아맞히기는 불가능하다. 그러나 어디로 향하고 있는지 느낄 수는 있다"고 말했습니다. 디지털 시대, 부의 방향이 정확히 무엇을 가리킬지 알고 있는 사람은 없습니다. 그러나 우리 필자들이 이 책에서 제시한 것처럼 그 방향은 알 수 있습니다. 서둘러 나서서 부의 미래를 적극적으로 주도해야 합니다. 한국 사회와 한국인의 행복한 동반 발전을 위해 이 기회를 놓치지 맙시다.

　봄날 여기저기서 흙을 밀고 올라오는 푸른 싹처럼, 혁신이 세상의 색깔을 바꿔내리라, 믿어봅니다.

찾아보기

지은이 인호

고려대학교 컴퓨터공학과 교수이며, 한국을 대표하는 블록체인 연구 최고 권위자 가운데 한 명이다. 한국블록체인학회 설립자이자 초대 학회장, 금융위원회 금융발전심의회 위원 등을 역임했다. 현재 고려대학교 블록체인연구소장, 신한은행 사외이사, 서울시 블록체인 자문위원, 블록체인 국제표준화기구(ISO TC307) 국가대표위원 등으로 활동하고 있다.
*강의 및 자문 요청: 고려대학교 블록체인연구소(blockchain@korea.ac.kr)

지은이 오준호

서울대학교 국어국문학과를 졸업하고 논픽션 작가로 활동하고 있다. 《기본소득이 세상을 바꾼다》, 《기본소득 쫌 아는 10대》, 《세월호를 기록하다》 등을 썼다. 성공회대학교에서 '영화로 보는 세계사'를 강의했고, 4·16 세월호 참사 작가기록단으로 활동한 바 있다. 기본소득 한국 네트워크 운영위원이기도 하다.

부의 미래,
누가 주도할 것인가

발행일	2020년 2월 28일 (초판 1쇄)
	2021년 6월 10일 (초판 9쇄)
지은이	인호·오준호
펴낸이	이지열
펴낸곳	미지biz / 미지북스
	서울시 마포구 성암로 15길 46(상암동 2-120번지) 201호
	우편번호 03930
	전화 070-7533-1848 팩스 02-713-1848
	mizibooks@naver.com
	출판 등록 2008년 2월 13일 제313-2008-000029호
편집	이지열, 서재왕
출력	상지출력센터
인쇄	한영문화사
ISBN	979-11-964955-3-4 03320
값	15,000원

블로그 http://mizibooks.tistory.com
트위터 http://twitter.com/mizibooks
페이스북 http://facebook.com/pub.mizibooks